JN093863

ソレダー・ロメロ・マリーニョ &
フリオ・アントニオ・ブラスコ——著

轟 志津香——訳

STAD EN RAND
GAZET VAN ANTWERPEN

La Jornada

Daily
Mirror
2ᴰ FORWARD

RENO EVENING GAZETTE
for the Home

EXTRA

Chronicle FINAL

The MAAR-sha
マール社 $6.00
Art & Visual Books

NUEVA YORK, JUEVES, 30 DE JUNIO, 1994

VOL. CLXVI ... No. 57,674

イラストで見る

GRANDES FUGAS
DE LA HISTORIA
ROBOS DE LEYENDA

伝説の
大泥棒 & 大脱走

SOLEDAD ROMERO MARINO & JULIO ANTONIO BLASCO

PLANIFICACIÓN
DEL ATRACO

Robos de leyenda &
Grandes fugas de la historia

© 2020, 2021
De los textos:
Soledad Romero Mariño

© 2020, 2021
De las ilustraciones:
Julio Antonio Blasco

© 2020, 2021
De la edición:
Zahorí Books

Japanese translation rights arranged with
ZAHORI DE IDEAS, S.L.
through Japan UNI Agency, Inc., Tokyo

日本語版装幀・日本語版組版指定
鈴木 朋子

イラストで見る
伝説の大泥棒&大脱走

2023 年 12 月 20 日　第 1 刷発行

著者　ソレダー・ロメロ・マリーニョ &
フリオ・アントニオ・ブラスコ
訳者　轟 志津香
発行者　田上 妙子
印刷・製本　図書印刷株式会社
発行所　株式会社マール社
〒 113-0033
東京都文京区本郷 1-20-9
TEL 03-3812-5437
FAX 03-3814-8872
https://www.maar.com/

GOBIERNO
DE ESPAÑA

MINISTERIO
DE CULTURA
Y DEPORTE

DIRECCIÓN GENERAL DEL LIBRO,
DEL CÓMIC Y DE LA LECTURA

本作品は、本・読書振興
総局を通じてスペイン
文化・スポーツ省の翻訳
助成を受けました。

イラストで見る
伝説の大泥棒&大脱走

ソレダー・ロメロ・マリーニョ&
フリオ・アントニオ・ブラスコ——著

轟 志津香——訳

マール社

大泥棒 目次

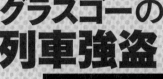
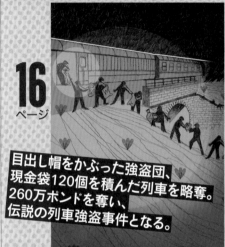

エル・ディオニ、
一夜にして無名の労働者から
スペイン一の成金逃亡者となる。

装甲車が
警備員に
盗まれる 36 ページ

警察官に変装した泥棒ふたりが
5億ドル(約680億円)相当の
美術品13点を持ち去る。
FBI、アメリカ最大の美術品盗難事件を
いまだ解決できず。

ロシアの青年が
世界の銀行システムを
おびやかす。

48 ページ

ハッカーが
シティバンクを攻撃

ブラジル中央銀行
フォルタレーザ支店
強盗事件

ワールド・ダイヤモンド・センター
強奪事件

52 ページ

イタリア窃盗団、
世界最高水準のセキュリティシステムを破り、
1億ドル(約137億円)相当の宝石を盗みだす。

驚くべき工学技術を駆使した
ブラジル史上
最も大がかりな襲撃事件。

60 ページ

大脱走

受刑者3人が刑務所の
セキュリティを突破。
空前絶後の大脱走を
繰り広げる。

92 ページ

38人の英雄の
歴史的な逃亡劇

アルカトラズ
大脱走

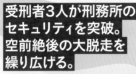

数か月にわたり秘密裏に作戦を計画。
モンテビデオのカビルド刑務所から
トンネルと下水道をはって、
女性受刑者が脱獄する。

100 ページ

気球で
東ドイツを
脱出

東ドイツのふたつの家族、
空を飛んで西ドイツへ逃亡する。

108 ページ

世界一の麻薬王、
エル・アルティプラーノ刑務所の
独房シャワーから脱出し
世界をあっと驚かせる。

"エル・チャポ"
脱走

120 ページ

ヨガで 脱出

韓国の泥棒の信じられない逃亡劇。
ヨガの技で独房の隙間をすり抜ける。

116 ページ

LE GRAND · PARISIEN

5 cent. セント | SUPPLÉMENT | LITTÉRAIRE イラストつき付録 | ILLUSTRÉE | **5 cent.** セント

Seizième année | LUNDI 21 AOÛT 1911 | N° 779

創刊16年目 | 1911年8月21日(月) | 第779号

人知れずルーヴル美術館から《モナ・リザ》が盗まれる

《モナ・リザ》ルーヴル美術館から消える

イタリア人の大工が
白昼堂々
美術館から《モナ・リザ》を
持ち去る

美術界の悪名高き
盗難事件のせいで
画家パブロ・ピカソが
逮捕される

いつ＊	どこで＊パリの	だれが＊	強奪品＊	裁判＊獄中生活はたったの1年15日
1911年	ルーヴル美術館	ビンセンツォ・	《モナ・リザ》	手元にあるあいだ《モナ・リザ》を大切に扱った
8月21日	（フランス）	ペルージャ	別名《ラ・ジョコンダ》	ために人びとから愛される

盗みの計画

ビンセンツォ・ペルージャ

ペルージャは白手袋をするような、気取った泥棒ではなかった。美術好きでもなければ、読み書きもできなかった。イタリアにあるロンバルディア州の町ドゥメンツァの貧しい家庭に生まれた彼は、よりよい将来を夢見て祖国を離れ、フランスに移り住んだ。

パリでの数年間は苦労の連続で、ちょっとした（でも悪質な！）盗みもはたらいた。しかしその後は、手先の器用さをいかして大工の仕事に就く。

ルーヴル美術館の元従業員

1910年、盗難の恐れがある作品をガラスで保護するために、ルーヴル美術館は4人の大工を雇った。

この仕事を任された家具職人のひとりが、ビンセンツォ・ペルージャだった。ペルージャは同僚らと《モナ・リザ》をはじめとするいくつかの作品にガラスの保護ケースを取りつけた。

美術館の警備の甘さ

ルーヴル美術館の警備が緩いことに気づいたペルージャは、その道のプロでもないのに、簡単に作品を盗みだせると考えた。なにしろ、ここルーヴルで働いていた経験があるのだ。あとはほんの少しの運を味方につければ、それで十分だった。

警備が手薄になる月曜日

清掃や修復作業のため、月曜日は美術館の閉館日となっていた。来場者がいないこの日は、作品の撮影もよく行なわれていた。

つまり、月曜日はいつもより散らかっているうえに、警備が手薄だった。館内の美術作品を守るのは、わずか10人の警備員だけ。そこでペルージャは、月曜日に〈偉業〉を成し遂げようと決意した。

ただの大工が美術館の警備の不備をつく

1911年の有名なモナ・リザ盗難事件の犯人、ビンセンツォ・ペルージャ

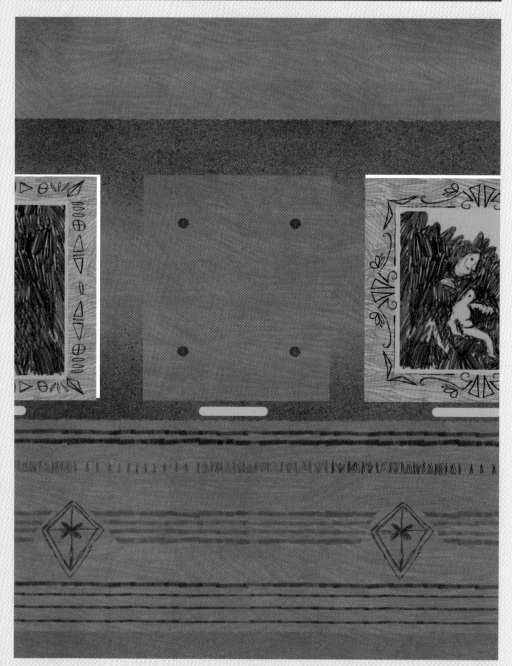

ルーヴル美術館の展示室〈サロン・カレ〉（四角の間）にある《モナ・リザ》の展示スペースは空白に

イタリアの至宝

　館内の数ある作品のなかからペルージャが《モナ・リザ》を選んだのには理由があった。故郷イタリアの画家レオナルド・ダ・ヴィンチの作品で、53×77cmという小さなサイズだったからだ。しかも、ある専門家がこの作品を「ルーヴル美術館の宝」と評したのを耳にしていた。なにを隠そう、この名画は当時、専門家のあいだでしか認められていなかったのだ。

当時、この大傑作は専門家のあいだでしか評価されていなかった

作品

　《モナ・リザ》は、フランチェスコ・デル・ジョコンドがフィレンツェの画家レオナルド・ダ・ヴィンチに依頼した絵画だ。ジョコンドは最愛の美しき妻リザ・ゲラルディーニの肖像画をこの天才画家に描いてほしいと望んでいた。

　ダ・ヴィンチは4年の歳月をかけて見事な《モナ・リザ》を完成させた。しかしその後、画家が作品をジョコンドに引き渡すことはなかった。

　木製パネルに油絵の具で描かれた肖像画は、技法の新しさもさることながら、その謎めいた雰囲気がひときわ目を引く。

　リザの微笑みと視線はどこか不安げで、もやもやとした背景にも謎が多い。そこがどこなのか、だれにも言い当てることはできなかった。

　16世紀初頭に《モナ・リザ》は、フランス王室の手に渡る。かのナポレオン・ボナパルトもこの作品を自室に飾っていた。

フランチェスコ・デル・ジョコンドの妻、リザ・ゲラルディーニの肖像画《モナ・リザ》。(イタリア語で「リザ夫人」の意)または《ラ・ジョコンダ》の名称で知られる

盗みの一部始終

ペルージャはだれの協力も得ず、疑惑を抱かれることもなく、たったひとりで《モナ・リザ》を持ち去った

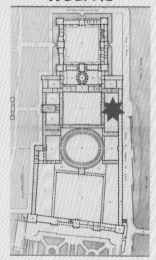

《モナ・リザ》の展示場所を示すルーヴル美術館の平面図

1. 美術館に侵入する

ルーヴルでの仕事を数ヶ月前に終えていたにもかかわらず、8月21日（月）の朝早く、白い作業着に身を包んだペルージャは、平然と美術館に入った。

ガラス張り職人として働いていたおかげで、怪しまれることはなかった。

2. 《モナ・リザ》を盗む

館内のいくつかの展示室をぬけ〈サロン・カレ〉にたどり着いた。壁の一角に《モナ・リザ》が無防備に飾られていた。留め具の扱い方を熟知していたペルージャは、やすやすと《モナ・リザ》を壁から外し、ヴィスコンティの階段まで運んだ。そして、覆っていたガラスをその場に捨て、額縁から絵を取りだして布でくるむと、美術館の正門からすずしい顔で通りに出た。

3. 美術館をあとにする

ペルージャはだれの目も引くことなく、レオナルド・ダ・ヴィンチの名画を抱えて帰路についた。

朝の8時、無学のしがない大工は、史上最大の美術品窃盗をやってのけた。

4. ルーヴル美術館が混乱する

作品の紛失が発覚したのは、翌日になってからだった。発見者は《モナ・リザ》の模写をしていたフランス人画家、ルイ・ベロー。

当初、警備員は盗難とは考えていなかった。ルーヴルは大混乱になったが……、パリ随一の美術館の壁からレオナルド・ダ・ヴィンチの作品が消えてしまったことは、変えようのない事実だった。

警察の捜査

美術史上一の盗難事件

8月22日午前11時、ルーヴル美術館は盗難の届け出をした。

事件は大きなニュースとなり、警察はルーヴル美術館を封鎖して、血眼になって絵画を探した。しかし《モナ・リザ》が消えてからすでに何時間も経過しており、事件当時のことを正確に覚えている者はいなかった。

美術界は大混乱に陥った

捜査の目

最初に疑われたのは、ペルージャだった。ルーヴル美術館で働いていたペルージャは、パリに来たばかりのころにちょっとした窃盗事件を何度か起こしていた。そのため、警察の記録に残っていたのだ。しかも、額縁を外したときに左手の親指の指紋も残していた。

だが、このときは運が彼に味方した。当時の警察は、右手の指紋しか取っていなかった。つまり、ペルージャの左手の指紋が残っていようと何の役にも立たなかったのだ。

捜査は難航し、警察はやみくもに手がかりを追った。詩人のギヨーム・アポリネールやその友人である画家パブロ・ピカソまでが盗みの疑いをかけられた。

長いあいだ行方知れずだったことで《モナ・リザ》は世界一有名な絵画になった

かつて《モナ・リザ》が展示されていた、空白の壁を見るために、多くの人がルーヴル美術館を訪れるようになった。この間に来場者数の記録が更新されている。

また、この肖像画が盗まれた結果、金儲けのために《モナ・リザ》の贋作がいくつも制作された。

だが、じつのところ《モナ・リザ》は、ずっとパリの質素なアパートに隠されていた。怖気づき、どうしたらいいかわからなくなったのだろう、ビンセンツォ・ペルージャはこの作品をベッドの下に大切にしまい込んでいたのだ。そして、何事もなかったかのように、つつましい生活を続けていた。

パブロ・ピカソは容疑者のひとりだった。詩人のアポリネールも容疑をかけられた

《モナ・リザ》盗難の犯人、ビンセンツォ・ペルージャ。パリ警察の写真

フィレンツェのウフィツィ美術館の館長たちは
《モナ・リザ》を売りにきたペルージャを裏切った

最終的に《モナ・リザ》はルーヴル美術館に返され、現在も防弾ガラスに守られている。
世界で最も有名な絵画となった《モナ・リザ》を一目見ようと、毎年、何百万人もの人がルーヴルを訪れている

《 モ ナ・リ ザ 》を 取 り 戻 す

愛国心があだとなり
ペルージャは
刑務所へ

　事件の2年後、自らの戦利品を世に出そうと考えたペルージャは、ルネサンス期の画家の作品を多数購入しているイタリア、フィレンツェのウフィツィ美術館に宛てて手紙を書いた。《モナ・リザ》を描かれた地であるイタリアに返したい、ペルージャは〈レオナルド〉という偽名を使って訴えた。

　最初こそ相手にされなかったものの、のちに美術館はペルージャに返事を書いて彼をフィレンツェに招待する。《モナ・リザ》をスーツケースにつめ、列車でフィレンツェへ向かったペルージャは、質素なホテルの一室に美術館の関係者を呼んだ。部屋を訪れた者は、すぐさまこれが冗談ではないことに気づく。

　大工のおんぼろスーツケースの中には、正真正銘の《モナ・リザ》が入っていた！

裏切り

　ウフィツィ美術館の館長たちは、イタリア国内の美術館に展示するとペルージャに約束して《モナ・リザ》を持ちだした。ところが、貧しい大工を裏切って、彼らは警察に通報した。こうして《モナ・リザ》をイタリアに取り戻すという世間知らずの泥棒の夢は、はかなく散った。

裁判

　ペルージャは1年と15日間、イタリアの刑務所に入れられた。ルーヴル美術館の〈サロン・カレ〉に返された《モナ・リザ》は、世界一有名な美術作品となった。

映画

　『モナ・リザの失踪』(Der Raub der Mona Lisa／1931年) は、ビンセンツォ・ペルージャの悲しい事件を題材にしたコメディドラマ。

GLASGOW TIMES

Thursday, 8 August 1963　　No. 18,556
1963年8月8日（木）　　第18556号

平和な町で……
グラスゴーの列車強盗

目出し帽をかぶった強盗団、現金袋120個を積んだ列車を略奪

被害額260万ポンド（約70億円）伝説の列車強盗事件

郵便列車強盗の手がかりを探すロンドン警視庁

盗みの計画

ある
極秘情報が
名もなき
泥棒の才能を
呼び覚ます

ブルース・レイノルズ ロンドン出身（1931~2013年）

争いごとのたえない家庭で幼少期を過ごしたレイノルズは、10代で早くも問題を起こしはじめる。

青年になるとロンドン近郊をほっつき歩き、商売や盗みをくり返しては、一発当てることばかりを考えていた。やがて当然の報いとして、彼は刑務所送りになる。

ダラム刑務所

レイノルズは刑務所で、同部屋の男から人生を大きく変える、ある極秘情報を得る。現金がたんまり入った袋をグラスゴー市内の銀行からロンドンまで運ぶ夜行列車があるというのだ。

それはまさしく、レイノルズがずっと探し求めていたチャンスだった。このときから数年間、彼は獄中で英国の郵便局〈ロイヤルメール〉の郵便列車を襲う計画を立てて過ごす。

いつ＊
1963年8月8日

どこで＊
グラスゴーの郵便列車
（英国）

だれが＊
ブルース・レイノルズ
率いる15人の強盗団

強奪品＊
260万ポンド（現在の価値でおよそ4300万ポンド、約70億円）

裁判＊
30年以上の懲役有罪判決を受けたにもかかわらず脱獄し、司法の手から逃げのびた者もいた

そして、計画は実行に移された……

グラスゴー

レイトン
バザード
国道A41 クアンタム ② カブリントン ① ブリデコ橋
ホワイトチャーチ メントモア
国道M40 ブリル
アシェンドン アイルズベリー
③ レザー
スレイド農場
国道A413

1　ブリデコ橋

1963年8月8日 03:15
郵便列車が橋の上で襲われる。強盗団が車両から現金袋を略奪。

2　ランドローバー2台と古い軍用トラック1台で隠れ家に向かう。

3　レザースレイド農場

16:30
隠れ家の農場に輸送車が到着し、強奪品を山分けする。

アイルズベリー

ロンドン

犯 行 の 一 部 始 終

列車強盗を計画したブルース・レイノルズ

何のへんてつもないバッテリーで列車を止め、襲撃する

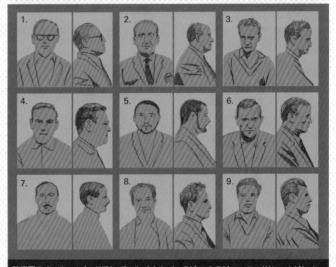

強盗団のメンバー：1.ウィリアム・ボール、2.トム・ウィスビー、3.ロジャー・コードリー、4.ジム・ハッセー、5.ロイ・ジェームス、6.ボブ・ウェルチ、7.ジミー・ホワイト、8.ロニー・ビッグス、9.チャーリー・ウィルソン

1. ロンドンと強盗団

　刑期を終え、ブルース・レイノルズは出所。ついに獄中で練った計画を実行に移すときがきた。

　レイノルズはロンドンで郵便列車に関する詳細な情報を集め、強盗団に誘うメンバーを探して声をかけた。

　手腕を見込まれ、14人の悪党たちが選ばれた。

　ダグラス・ゴードン（通称グッディ）、ロナルド・エドワーズ（通称バスター）、チャーリー・ウィルソン、ロニー・ビッグス、ロイ・ジェームス、ロジャー・コードリー、トム・ウィスビー、ジム・ハッセー、ボブ・ウェルチ、ブライアン・フィールド、レナード・フィールド、ジミー・ホワイト、ウィリアム・ボール、ジョン・デーリー。

2. 隠れ家

　数年がかりの準備のすえに、壮大な強盗計画の手はずが整った。決行を数日後にひかえ、一団は作戦の拠点となる隠れ家、レザースレイド農場に移動した。そこはオークリーからも犯行現場からも近い場所だった。

3. 襲撃の夜

　襲撃は1963年8月8日と決まった。

　なぜならその日、郵便列車は普段の30万ポンドをはるかに上回る260万ポンドを運ぶことになっていたからだ。この絶好のチャンスを逃す手はなかった。

4. 列車に接近する

　12両からなる郵便列車に72人の作業員が乗り込んだ。2号車に現金袋を積んでグラスゴーを定刻に出発したこの列車が、目的地のロンドンに到着することはなかった。

　ロンドンから50kmの地点で、強盗団は信号機を調整するバッテリーを操作して信号を赤に変えた。すると、列車が止まり、すかさず目出し帽をかぶった一団が、列車の機関室に突入。これに抵抗した運転士が頭を殴られたが、これは本件唯一の暴力行為だった。

強盗団はバッテリーをひとつ操作しただけで鉄道の信号機を赤にした。単純だが効果的な作戦

列車の襲撃場所に選ばれたブリデコ橋。
ここが伝説の強盗事件の犯行現場

5. 強奪品を列車から降ろす

　強盗団は、機関車と、現金袋を積んだ2号車の2車両をのっとって切り離し、後続の車列を線路に残して出発した。

　2kmほど走って、列車は仲間の待つブリデコ橋に着いた。

　2号車のドアが開くと、わずか数分のうちに現金袋はバケツリレーで道路に停車中のトラックの中へ運び込まれた。

　「30分間は、ここで起きたことを通報するな」と作業員に告げ、一団は現場を去った。

6. 隠れ家に逃げこむ

　強盗団は隠れ家へと向かった。状況が落ち着くのを待って、英国の司法の手の届かない、遠く離れた土地に逃亡しようと目論んでいた。

　すべてが計画通りに進み、ブルース・レイノルズは世紀の強盗を成功させたのだった。

強盗団はわずか数分で、
車列にあった126の現金袋のうち
118袋をトラックに積み込んだ

事件直後の数日間、一団が身を隠していたレザースレイド農場

警察の捜査

あるミスによって警察に捕まり、刑務所に送られた

ロンドン警視庁

　警察が現場に到着したのは、事件発生から45分後だった。一団は証拠ひとつ残さずに金を強奪していた。不運にも、車両に残されていた現金袋はたった8袋だけ。〈ロイヤルメール〉の局員はうろたえ、絶望していた。

　世界中の新聞がこの事件を取りあげ、ロンドン警視庁は特別チームを編成して捜査に乗りだした。

　一方、強盗団はレザースレイド農場の隠れ家に潜伏し、ピザを食べてボードゲーム〈モノポリー〉をしていた。

一団はニセの金ではなく本物の金を使って〈モノポリー〉を楽しんだ

がらくたの中から、強盗団が使った〈モノポリー〉が見つかった

捜査の鍵

　現場からの逃走時間を確保するために一団が作業員に口封じをした30分間、これがロンドン警視庁の最初の大きな手がかりとなった。

　警察は強盗団がこの30分のあいだに身を隠したと考え、現場周辺地域にしぼって隠れ家の捜索をした。

強盗団は〈モノポリー〉、ケチャップの瓶、ビールの缶に指紋を残していた

ロンドン警視庁は、ジャック・スリッパー巡査を特別機
動分隊の隊長に任命し、異例の捜査態勢を敷いた

隠れ家

　日に日に警察の捜査が厳しくなるなか、重圧に耐えられなくなった強盗団は、見つかるのを恐れ、戦利品を山分けしてそそくさと隠れ家をあとにした。

　農場の近隣住民からの通報で、ついに警察は隠れ家を発見した。強盗犯たちはそこらじゅうに指紋を残していたばかりか、空の現金袋まで発見された。これは、彼らが犯行におよんだことを示す、ゆるぎない証拠だった。

裁判

　農場の隠れ家で発見された指紋から犯人を見つけだすのは、難しいことではなかった。というのも、彼らはみな過去に罪を犯しており、犯罪記録が残っていたからだ。

　強盗犯はつぎつぎと警察の手に落ちていった。51日間におよんだ裁判では、30年以上の懲役刑が言い渡された。そのなかでただひとり、ロニー・ビッグスだけが脱獄して、司法からの逃亡を果たした。

連続
テレビドラマ

『大列車強盗』（*The Great Train Robbery*／2013年）は、この有名な強盗事件をもとにした2部構成の連続テレビドラマ。

ロニー・ビッグス
悪名高き逃亡者

　警察に捕まり裁判にかけられて投獄されたが、ワンズワース刑務所に入って間もなく、脱獄に成功。フランス、スペイン、オーストラリアを経由して、遠くブラジルまで逃亡した。

　その後の31年間、家族とともに南米で暮らし、英国で最も有名な逃亡者のひとりとなった。2001年、自らの意思で祖国に戻り、数年間の獄中生活を送ったあとは、2013年12月18日にこの世を去るまで自由に暮らした。

ロニー・ビッグスの警察記録。顔写真と左右の指紋

RENO EVENING GAZETTE

家庭向けの新聞
A Newspaper for the Home
家族みんなで楽しめる情報紙
Information and enjoyment for every member at the family

R－NO. 237 第237号　　　RENO, NEVADA. WEDNESDAY, 24 NOVEMBER, 1971　　　電話 PHONE FA 3-3161
ネバダ州レノ　1971年11月24日(水)

消えた20万ドル

シアトル行き
ボーイング727
ハイジャック事件

謎の男が飛行機を
ハイジャック。
20万ドル(約2700
万円)を奪って
パラシュートで
飛び降りる

その〈偉業〉は
警察組織に対する
個人の勝利とされ、
犯人は伝説の男と
なる

後部にジャンプ用のドアとはしごがついている
飛行機は、ボーイング727型機だけ。ハイジャ
ック犯はそれを知っていた

いつ*	どこで*	だれが*	強奪品*	裁判*
1971年11月24日	シアトル行きボーイング727-100型機(米国)	ダン・クーパー(航空券の購入時に使われた名前)	20万ドル(20ドル紙幣1万枚、約2700万円)	犯人逮捕にいたらず

盗みの計画

犯行計画にまつわるデータなし

犯人は見つかることも、特定されることもなかった。つまり、この事件に関するあらゆる情報は、ただの憶測にすぎない。

犯行の一部始終

史上最悪の強盗事件はシアトル行きの1枚の航空券からはじまった

1. ポートランド国際空港にて

1971年11月24日、感謝祭の前夜、ダークスーツに白シャツ、ネクタイ、ローファー、中背の45歳くらいの男が、ポートランド空港でシアトル行きの航空券を購入した。聡明なこの男は、自らをダン・クーパーと名乗った。

2. 305便でシアトルへ

クーパーは定刻に飛行機に乗り、最後尾に座った。座席番号は18C。彼は乗客36人、乗務員6人とともに飛び立った。

航空券を手に、シアトル行きボーイング727への搭乗を待つダン・クーパー

3. メモ

飛行機が離陸するとすぐに、クーパーは客室乗務員にメモを手渡した。23歳のうら若きフローレンス・シャフナーは、乗客が電話番号を書いてよこしたのだと思いこみ、そのまま紙をしまった。

だが、メモの男は彼女に告げた。「メモを読め。おれは爆弾を持っている」。

客室乗務員はメモを取りだした。そこには「ブリーフケースの中に爆弾がある。いざとなったら、使う」と書かれていた。男の要求は、新札20万ドル（約2700万円）分とパラシュート4個だった。

指示に従って客室乗務員はコックピットに向かい、ほかのクルーに状況を伝えた。

クーパーは黒いサングラスをかけて顔を隠し、要求が通るのをじっと待った。

> 「ブリーフケースの中に爆弾がある。いざとなったら、使う」

4. 命令

パイロットはクーパーの指示どおり、シアトルの管制塔に連絡して、飛行機がハイジャックされ、犯人から要求をつきつけられていることを報告した。

この情報はすぐに航空会社の社長とFBI（米国連邦捜査局）にも伝えられた。

クルーが受けた命令は簡潔明瞭だった。犯人に協力すること、本当に爆弾があるかを確認すること

5. 爆弾

クーパーは爆弾の入ったブリーフケースを開いて、おどしが嘘でないことを見せつけた。そして、シアトル国際空港に着陸後、身代金とパラシュートをどうやって引き渡すかについても詳しく指示した。

要求をのまなければ、ただちに飛行機を爆破する

6. 強奪品

クーパーは、新札20万ドルとパラシュートが地上で手配されるまでのあいだ、シアトル市街の上空を飛行するよう命令した。

地上では時間との戦いがくり広げられていたが、飛行機の中はいたって平和だった。乗客は何も知らされず、クーパーは紳士気取りで支払いを済ませたウイスキーのソーダ割りを飲みながら、タバコをくゆらせていた。

7. シアトル空港

17時24分、20万ドルとパラシュート4個の準備が整った。手動の開閉ひもがついたパラシュートは、地元のスカイダイビングスクールから調達した。紙幣は写真を撮って、シリアルナンバーが記録された。

クーパーは着陸を許可した。17時39分着陸。飛行機は、警察の狙撃手から遠く離れた静かな暗い滑走路に静止した

身代金とパラシュートは、航空会社の社員が客室乗務員に渡すことになっていた。引き渡されたものを入念にチェックしたのち、クーパーは乗客36名とふたりの客室乗務員のうちひとりを解放した。

8. 標高3000m

19時40分、飛行機は再び離陸し、シアトル空港からネバダ州へ向かった。クーパーは高度や速度といった飛行データを細かく指定した。また、機体の後部ドアをふさがないように、とも指示した。

ボーイング727は後部ドアを備えた、唯一の機種だった

真夜中、激しい嵐のなか飛行機は高度約3000mを飛行していた。クーパーは5kgの重さのドル紙幣を服の下にしまいこみ、ひとり残された客室乗務員にほかの乗務員がいるコックピットに入っているよう命じた。ついに時が来た。大胆不敵な強盗は、いままさにとんでもない犯行を成し遂げようとしていた。

9. 大ジャンプ

つぎの瞬間、クーパーは後部ドアを開けて飛行機から飛び降りた。

眼下には山、氷河、森林。クーパーの犯行はここですんなり完結するはずだった、が……どういうわけかその後、クーパーは消えてしまった

クーパーが客室乗務員に見せたブリーフケースの中には、赤いダイナマイトと電池、銅線が入っていた。のちに専門家は、この爆弾はニセ物だったと結論づけた

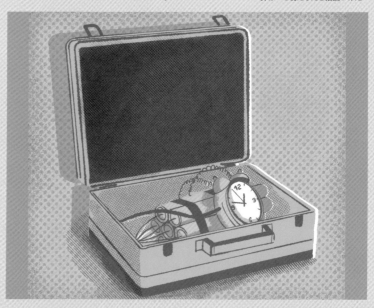

飛行機の後部から飛び降りたクーパーの眼下には、ワシントン州の広大な山々と森が広がっていた

警察の捜査

陸軍機がボーイング727を追っていたが、激しい嵐で追跡は難しく、パラシュートで降下するクーパーの姿をとらえることはできなかった。2時間半後、ネバダ州リノに着陸したボーイングは、FBIと地元警察の大群に取り囲まれた。機長は、20時13分ごろクーパーが飛行機から飛び降りたと報告した。

警察は手がかりを探そうと、ボーイングに乗り込んだ。しかし、真珠貝のピンがついたネクタイと、犯人が要求した4つのパラシュートのうちの2つ、そしてタバコの吸いがら8本が見つかっただけだった。爆弾の入ったブリーフケースも、紙幣も、残りの2つのパラシュートも、どこにも見当たらなかった。

機内で発見されたのはパラシュート2つと黒いネクタイのみ。ほかには何の証拠も手がかりもなかった

目撃者の証言によって警察が作成したクーパーの似顔絵

犯人像と似顔絵

FBIは1000人以上の容疑者を調べたが、手ごたえはなかった。航空力学やスカイダイビングの知識があることから、当初クーパーは空軍と関係があると考えられていた。だが最終的に、クーパーの無謀すぎるジャンプによってこの仮説は否定された。

捜索

それから6週間、警察はクーパーが着地したと考えられる場所をくまなく調べあげた。だが、何の手がかりも見つけることはできなかった。

身代金の20ドル紙幣の追跡も試みたものの、失敗に終わった。

何日もかけて、FBIと警察は徹底的に周辺の捜索を行なった

捜査の打ち切り

〈NORJAC〉。これがFBIが本事件につけたコードネーム（暗号名）だった。連邦捜査官は、クーパーが飛行機から飛び降りた際に死亡したと結論づけた。

しかし、遺体が発見されなかったため、この説もまた説得力に欠けた。クーパーはまるで魔法にかけられたように、消えてしまったのだ。さまざまな仮説が検証されたが、とうとう

FBIはさじを投げた。

こうして、ダン・クーパーは民衆のアイドルとなった。ひとりの男が、並外れた勇気と優雅さと独創性で、見事に警察組織を出し抜いたのだった。

このニュースは、米国だけでなく世界中のテレビニュースで取りあげられた

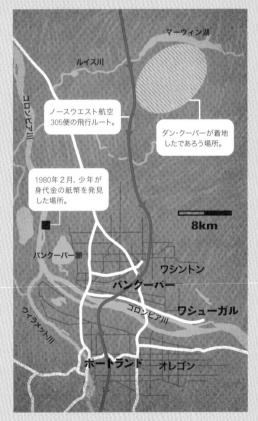

ダン・クーパーが着地したと考えられる地域の地図

（地図中のラベル）
- マーウィン湖
- ルイス川
- ノースウエスト航空305便の飛行ルート。
- ダン・クーパーが着地したであろう場所。
- 1980年2月、少年が身代金の紙幣を発見した場所。
- コロンビア川
- 8km
- バンクーバー湖
- ワシントン
- バンクーバー
- コロンビア川
- ワシューガル
- クラキッツ川
- ポートランド
- オレゴン

セキュリティ対策

この事件をきっかけに、航空界に大きな変化がもたらされ、世界中の旅客便や空港のセキュリティシステムが見直された。

空港では金属探知機がフライトセキュリティの重要な鍵となった

ハイジャック機

セキュリティ対策にいっそうの力が注がれたにもかかわらず、シアトルでの事件の翌年には、ボーイング727が3機、クーパーとよく似た手口でハイジャックされている。

その後、米国連邦航空局はボーイング727の全機種に特殊な装置を取りつけることを義務づけた。

飛行中に機体の後部が開くのを防ぐ安全レバーは〈クーパー・ベーン〉と呼ばれた

9年後

事件から9年後、クーパーが残したとされる唯一の痕跡が発見された。1980年、家族でピクニックをしていた少年が、札束をひとつ見つけたのだ。ぼろぼろになった20ドル紙幣は、身代金20万ドルのうちの5800ドルだった。

創刊22年目 第10436号
0.40フラン
22 Annés - No 10 436 - 0.40

22 PAGES ページ

1976年7月20日(火)
MARDI 20 JUILLET 1976

nice-matin

フランス南東部とコルシカ島の日刊紙
LE GRAND QUOTIDIEN D'INFORMATIONS DU SUD-EST ET DE LA CORSE

管理・編集・運営
DIRECTION, REDACTION, ADMINISTRATION :
フランス　ニース市　メルカントゥール大通り214番地
214 Boulevard du Mercantour
特別配達郵便3
06290 Nice Cedex 3 France

ソシエテ・ジェネラル銀行ニース支店、下水道から襲撃される。
夜が明けるとニースの銀行はすっからかん。そこには犯人からの痛烈なメモが残されていた。

「武器も 暴力も そして憎しみもない」

記憶に残る
強盗事件

アルベール・スパジアリ
通称〈バート〉

　スパジアリは、フランスのアルプス地方で生まれ育った。幼いころからちょっとした悪さを重ねては、悪事の才能をみがいていった。はじめての盗みは、ガールフレンドにプレゼントするダイヤモンドだったとか。こそこそした泥棒にも、ロマンチストな一面があったのだ。

　大人になってからは、ドキドキとワクワクを求めて世界中を旅して回った。インドシナ戦争でパラシュート部隊として戦い、フランスでは秘密軍事組織のメンバーになった。軍事組織で行っていた秘密活動により逮捕され、スパジアリは刑務所で、いい休暇を過ごすことになる。

秘密軍事組織のメンバーとして活動していたころの警察写真。
組織に加わったことで、刑務所に入れられた

いつ* 1976年7月 16日〜20日	どこで* ソシエテ・ジェネラル銀行 ニース支店（フランス）	だれが* アルベール・スパジ アリと仲間たち	強奪品*現金、宝石など 現在の価値で1000万ユーロ （約15億円）	裁判*スパジアリは裁判 中に窓から飛び下り、 バイクで逃走

ソシエテ・ジェネラル銀行ニース支店。
襲撃のニュースが流れてから数時間後、貸金庫の所有者たちは自分の財産を確認しに支店にあらわれた

盗みの計画

平穏な生活

1974年、刑務所を出たアルベール・スパジアリは、海辺の町ニースでまっとうな生活を送っていた。写真スタジオを経営し、山荘で妻と暮らす日々。しかし、あまりに平穏で変化のない生活は彼の性に合わず、長くは続かなかった。

ひらめき

あるとき、ソシエテ・ジェネラル銀行ニース支店のある行員が、スパジアリと友人たちとの夕食の席で何気なく言った。「銀行の金庫室の下に、下水道管が通っていてね」。それがすべてのはじまりだった。

天真爛漫な友人は、自分の発言がどれほど重大な結果をもたらすことになるのか、そのときは知るよしもなかった

スパジアリは想像力を存分にふくらませ、ソシエテ・ジェネラル銀行ニース支店をねらった大がかりな強盗計画を立てはじめる。下水道から金庫室の床下まで続くトンネルを掘る、こんな手口をだれが予想し得ただろうか!

下水道はマセナ広場からソシエテ・ジェネラル銀行ニース支店のビルまで、ふたつの通りを横断するかたちで地下を通っていた

約2ヵ月かけて、ニースの下水道から全長13mのトンネルを手作業で掘った

犯行の一部始終
下水道から銀行を襲う

1. セキュリティ

スパジアリはまず、金庫室のセキュリティシステムがドリル音を感知するかを確認した。

銀行の貸金庫を借り、夜中に鳴るようにセットした大音量の目覚まし時計を金庫の中に入れておいたのだ。

その結果、目覚まし時計の音や振動でセキュリティアラームが発動されることはなかった。難攻不落と言われたこの金庫室には、何のセキュリティシステムもなかった……。計画はうまくいくかもしれない。道は開かれていた。

犯罪のプロを20人集めて壮大な計画を練るのはそれほど難しいことではなかった

2. 強盗団

つぎにスパジアリは、強盗団のメンバーを集めることにした。マルセイユのマフィアや、投獄前に所属していた秘密軍事組織のかつての仲間たちと連絡を取った。

3. 下水道を利用したトンネル

強盗団は2ヶ月かけて、下水道から13mのトンネルを掘った。それは臭くて大変な作業だった。強盗たちは重い道具を引きずって下水道を歩き、スパジアリの厳しい指示のもと、ぬかりなく仕事をこなしていった。

4. 金庫室に到達

7月16日(土)、ついに金庫室への侵入に成功した。

週末で銀行が休みだったため、あわてて金庫を物色する必要もなく、のんびりとしたものだった。

パテやチーズ、フランスワインに舌つづみを打ちながら、ごそごそと貸金庫の中をあさり、お宝を選りすぐっていく。なんとも楽しい週末強盗だった。

この襲撃を世紀の強盗事件に仕立てあげたのはいうまでもなくスパジアリの手腕と皮肉なユーモアだ

5. 強奪品

スパジアリは「金が少ない金庫や個人貯蓄には手をつけるな」と命じた。質素な人たちは、彼のターゲットではなかった。その代わりに、権力者たちの写真を金庫室の壁に貼った。こうして、彼らを世界中の目にさらそうとしたのだ。

6. 逃亡

月曜日、ソシエテ銀行の扉が開く直前に、スパジアリと仲間たちはすっかり荒らされた金庫室をあとにした。金庫室の壁には「武器も 暴力も そして憎しみもない」というメッセージが残されていた。

あざとくて、冷静なスパジアリは、銀行の金庫室でゆったりくつろぎ、フランスワインまで飲んだ

「武器も 暴力も そして憎しみもない」

金庫室の壁に書き残すメッセージは投票で決められた

強奪品は大事に袋に入れられ、いかだで下水道を通って外に運びだされた。そのため、警察は何の痕跡も手がかりもつかむことができなかった。

永遠の微笑を持つ男スパジアリは、裁判のあいだも
けっして笑みを失うことはなかった

警察の捜査と裁判

くせ者スパジアリの手にかかれば、盗みはスリリングな冒険へと変わる

警察がスパジアリとどうやって接触したかについては、さまざまな説が飛び交うが、いずれにせよはっきりしているのは、元軍人であるスパジアリは逮捕されても、へっちゃらだったということだ。

法廷では裁判官を笑い飛ばし、とっぴな冒険譚を語り、空想物語をでっちあげた。そうやって、人びとを困惑させて楽しんでいたのだ。ある日、裁判中に窓から飛び下りたスパジアリは、車の上に落ちたあと、バイクにまたがって逃走した。

路上では、仲間がバイクで待ちかまえていた

映画

ジョゼ・ジョヴァンニ監督の『掘った奪った逃げた』(Les Égouts du paradis／1979年)は、アルベール・スパジアリのあっと驚く冒険を描いたフランス映画。

逃亡者

その後、スパジアリは逃亡者のように暮らし、日常とはかけ離れた秘密の冒険を楽しんだ。身を隠してインタビューに応じ、本を書き、悪名高き指名手配犯の仲間入りをした。

スパジアリはインタビューで「銀行の金にはまるで興味がなかった」、「本当の目的は強盗そのものへの挑戦、そして警察や裁判所を手玉に取ることだった」とまで言ってのけている。

裁判のあいだ彼は法廷をうろうろと歩き回り、あらゆる質問にばかげた答えを返し、真実と嘘を織り交ぜた痛快な物語を語った

スパジアリの逃亡劇は〈電光石火の逃亡〉だった。アルベール・スパジアリ本人もその妻も、二度と見つかることはなかった。もちろん、彼が持ち去った、あらゆる記録を打ち破る大量の戦利品も。

現代のロビン・フッドは、窓か
ら飛び下りた際に踏みつけた
車の持ち主に、お詫びの5000
フラン（約84万円）を送った

EL PAIS

マドリード版
EDICIÓN DE MADRID

独立系朝刊紙
DIARIO INDEPENDIENTE DE LA MAÑANA

1989年7月28日
28 DE JULIO DEL 1989

警備会社の警備員が
3億2000万ペセタ相当を積んだ装甲車を盗む

夢の逃避行

エル・ディオニ
一夜にして
無名の労働者
からスペイン
史上一の成金
逃亡者となる

 いつ＊
1989年7月28日

 どこで＊
マドリード（スペイン）

 だれが＊
ディオニシオ・ロドリゲス・
マルティン
通称〈エル・ディオニ〉

 強奪品＊
3億2000万ペセタ（192
万ユーロ、約2億8000
万円）

 裁判＊
横領罪で起訴され、3年
4ヶ月の実刑判決

スペインの
警備会社、
カンディ
株式会社の
装甲車。
事件当日、
エル・ディオニ
はこの会社の
警備員として
働いていた

盗みの計画

ディオニシオ・ロドリゲス・マルティン
通称〈エル・ディオニ〉

> エル・ディオニはやる気に満ちた青年だった。よい行ないをして社会に貢献し、法を守りたいと思っていた

警備員としてキャリアをスタートさせたエル・ディオニは、持ち前の行動力と努力で、ボディーガードまでのぼりつめる。

ボディーガード

エル・ディオニは、スペイン国内でトップクラスのボディーガードといわれていた。ところがある日、護衛していた客が不慮の事故で亡くなってしまう。この運命の日以来、エル・ディオニの名声は地に堕ちた。

警備会社カンディの上司は、迷わず彼を運転手に降格させた。

装甲車のハンドルを握る

運転手エル・ディオニが最初に任されたのは、会社の装甲車の運転だった。

25万ペセタ（約24万円）の収入を得て、エレガントなスーツに身を包んでいたかつてのボディーガード、エル・ディオニは、7万（約6万円）ペセタの収入とつまらない青ユニフォーム姿の運転手に成りさがった。

カフェテリア〈バリェ・デル・ナルセア〉

これは彼にとって、大いなる屈辱だった。ボディーガードに返り咲こうと、エル・ディオニはあらゆる手をつくした。だが、うまくいかなかった。

聞くところによると、腹を立てたエル・ディオニは、あるときカフェテリア〈バリェ・デル・ナルセア〉で仲間に「装甲車を盗んでやる」と打ち明けたらしい。

まさにその日の午後、正義は彼の手にゆだねられることとなる。

> ひどく腹を立てたエル・ディオニは、仲間に「装甲車を盗んでやる」と打ち明けたと言われている

エル・ディオニは、仕事帰りにバーで飲むのが常だった

犯行の一部始終

1. ルート

　その午後、エル・ディオニはカンディ社のふたりの同僚と、いつものように街中を回って顧客の金庫を回収していた。だが、その日に積んでいた現金は通常より少なかった。実際、前日には2倍の現金を運んでいる。つまり、強奪は計画的ではなく思いつきだったと考えられる。

2. 強奪

　最後の回収場所、マヨルカ洋菓子店で同僚が売上金を受け取りに車を降りた隙に、エル・ディオニは装甲車のハンドルを握って走り去った。

簡単にがっぽり稼げる方法だった。彼は同僚を見捨て現金をたくさんのせた車を疾走させた

エル・ディオニは、アルベルト・デ・アルコセール通りにあるマヨルカ洋菓子店の前に、19時15分から19時45分のあいだに停車した装甲車を奪い、マエストロ・ラサール通りまでの700mを走らせた。そこにはエル・ディオニの青いアウディ80、ナンバー〈M-7682-DG〉が停めてあった

3. マドリードの中心街を抜ける

　元ボディーガードは、中心街から自分の車が停めてある車庫まで装甲車を走らせた。会社の無線機が鳴り、心臓がバクバクしていたが、エル・ディオニは呼び出しを無視して計画を続行した。

自分の車にたどり着くと3億2000万ペセタ（約2億8000万円）の入った袋をトランクに押しこみ、装甲車を道ばたに乗り捨てた

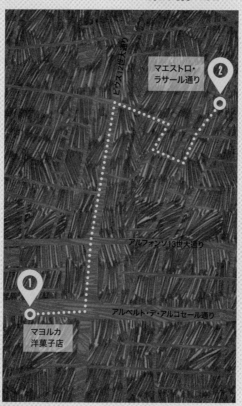

エウス12世大通り

マエストロ・ラサール通り ②

アルフォンソ13世大通り

①

アルベルト・デ・アルコセール通り

マヨルカ洋菓子店

4. 共犯者

　車庫ではヘスス・アロンド（通称ココリソ、テロ組織ETA（エタ）のスパイ）、ミゲル・アンヘル・ドゥエニャス（共犯者であり友人）、ホルヘ・メディナ（通称パタゴン、スペイン軍諜報機関の協力者）が待っていた。

大金は即座に分配され、仲間はちりぢりになった

5. 隠れ家

　それから2週間、エル・ディオニは友人夫婦の家に身を寄せた。
　装甲車強奪のニュースは、スペインメディアを大いに賑わせた。一夜にして、エル・ディオニは無名の労働者からスペイン一の指名手配犯になったのだ。

警備会社は閉鎖に追いこまれ、エル・ディオニは隠れ家でシャンパンとキャビアで成功を祝った

6. ブラジルでの新しい生活

事件の騒ぎが収まったころ、エル・ディオニはブラジルに逃亡した。

ブラジルではウィッグをつけて、おしゃれな新生活をスタートさせた。リオデジャネイロのバラ・パレス・ホテルに住み、軽飛行機で空を飛び、高級レストランで食事をし、リムジンで市内を回った。

エル・ディオニは労働者の黄金の夢を生きる幸せな男だった

リオデジャネイロのバラ・パレス・ホテルの部屋からの眺め

警察の捜査

新聞の切り抜き

しかし、その豪華絢爛（けんらん）な生活が人目を引き、やがてブラジル警察が捜査に乗りだす。

彼の部屋からは、密輸品、ピストル数丁、装甲車略奪を報じた新聞の切り抜きがいくつか発見された。

警察はエル・ディオニがホテルにしまっておいた新聞の切り抜きを見つけた

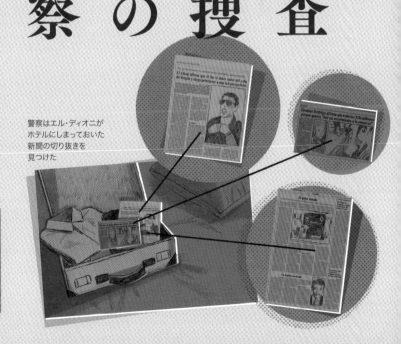

エル・ディオニついに見つかる！

指名手配

SE BUSCA

スペイン国家警察

POLICIA NACIONAL

電話番号

📞 TLFN. 091

DIONISIO RODRIGUEZ MARTIN

ディオニシオ・ロドリゲス・マルティン

スペイン警察は、顔写真入りのポスターを貼りだしてエル・ディオニを捜した

ブラジルの刑務所

ブラジルの警官が現金を回収しようとしたが、エル・ディオニは「スペインにある」と言い張った。そのおかげで、彼は命拾いしたといえる。

1989年9月19日
当時最も有名になった
国際逃亡犯は
ブラジルの刑務所に
入れられた

それから10ヶ月後、エル・ディオニがスペインへ送還される日がやってきた。

帰国

強奪から1年後、エル・ディオニは飛行機でスペインに帰国することになった。〈家〉に連れて帰ると機長がアナウンスすると、乗客から拍手かっさいがわき起こった。

エル・ディオニは
スペインに伝説の強盗
として迎えられた

刑務所に入るエル・ディオニを、受刑者たちは拍手で迎えた。彼はアンチヒーロー、つまり社会から排除された人たちにとってのアイドルとなった。

裁判

エル・ディオニは、裁判ではついていた。彼の話にはあやふやな点も多かったが、犯行時にだれにも危害を加えなかったことは確かだった。暴力をいっさい振うことなく、現金をのせた装甲車を奪ったのだ。

裁判官は
横領罪として懲役3年
4ヶ月を言い渡した

警官にガードされてスペインに帰国するエル・ディオニ

消えた
1億4000万
ペセタ

エル・ディオニは、装甲車強奪を自分ひとりで行なったと主張した。すべて自分の責任で、仲間や行方不明の1億4000万ペセタについては何も知らないと言った。

警察が発見できたのは、ミゲル・アンヘル・ドゥエニャスが自宅のタンスの二重底の奥にしまい込んでいた分だけで、それ以上の現金が見つかることはなかった。

残るふたりの共犯者については、ヘスス・アロンドは不慮の事故で死亡し、ホルヘ・メディナは分け前を持って永久に姿を消した。

エル・ディオニによると、メディナは強奪に関わった人のなかで最も賢い人物だった。

刑務所を出る

1995年5月、エル・ディオニは刑期の4分の3を終え、仮釈放された。無一文だと主張し、消えた1億4000万ペセタの支払いを逃れた。

ちまたでは、彼の事件は伝説になっていた。サインを求められると、エル・ディオニは満面の笑みで「強盗をしたことは後悔していない」と認めた。

「また、盗みをするだろうね。だって悲しいけど、誠実であるべき人たちが、盗みを後押しするんだから」

The Boston Globe

1990年3月18日（日）
SUNDAY, MARCH 18, 1990

イザベラ・スチュワート・ガードナー美術館
歴史に残る**美術品盗難事件**

警察官に変装した泥棒ふたりが
5億ドル（約680億円）相当の
美術品13点を持ち去った

米国最大の
この美術品盗難事件は、
いまだ未解決のまま

ボストンにあるイザベラ・スチュワート・ガードナー美術館。
オランダの画家レンブラントの傑作が入っていた額縁は、からっぽに

いつ＊	どこで＊ボストンのイザ	だれが＊	強奪品＊総額5億ドル	裁判＊行なわれず。FB
1990年 3月18日	ベラ・スチュワート・ガードナー美術館（米国）	正体不明の怪盗ふたり	（約680億円）相当の美術品13点	Iは窃盗犯を突きとめることができなかった

イザベラ・スチュワート・ガードナー美術館

美術館の絵画、彫刻、タペストリー、家具、装飾品は、泥棒たちにとって誘惑そのものだった

美術品の収集家であり支援者だったイザベラ・スチュワート・ガードナーの肖像画

　イザベラ・スチュワート・ガードナーは時代の先を行く、類まれなる女性だった。十分な教育を受け、世界を旅する機会にも恵まれた。

　イタリア旅行で著名な芸術家たちと知りあったイザベラは、芸術への情熱を燃やしはじめる。帰国後、イタリアでの忘れがたい経験に突き動かさ

れ、ボストンの邸宅をルネッサンス様式の魅力あふれる美術館に改装した。

　イザベラによって開かれたこの美術館は、その温かく家庭的な雰囲気と、ヨーロッパ、アジア、米国の芸術家から集められた選りすぐりの作品によって、たちまち人びとの憧れとなる。

盗みの計画

巧妙かつ、よく練りあげられた計画は警察に手がかりを残さなかった

　ほとんど証拠がなかったため、計画の詳細を知ることはできない。けれども警察によると、強盗は数ヶ月前から計画されていたようだった。泥棒たちは、美術館の細部はもちろんのこと、最新のセキュリティシステムまで熟知していた。

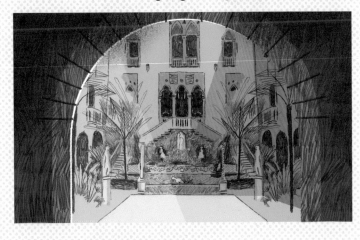

ボストンのイザベラ・スチュワート・ガードナー美術館。ルネッサンス期の宮殿をモチーフにしたデザイン

犯行の一部始終

3月の雨の夜、警察官を装った ふたり組の泥棒が美術館に現れる

1. ニセの騒ぎ

真夜中を過ぎたころ、ふたりの警察官がイザベラ・スチュワート・ガードナー美術館の扉をノックした。付近で騒ぎがあったため、館内を調べたいという。

大柄で素朴な美術館の警備員リチャード・アバスは、警察官の話を信じて疑わなかった。制服を着た警察官をだれが疑うだろう。アバス青年は警備の決まりを無視して、親切にもふたりを中に入れた。

2. 「諸君、これは強盗だ」

ひとたび館内に入ると、警官と思われた男たちは銃を抜き、館内を監視していた警備員ふたりに本当の姿を見せた。「諸君、これは強盗だ」。

ふたりの泥棒は美術館の警備員をだますために、警察官の制服を着て豊かなつけひげで顔を隠していた

3. 地下で手錠をかける

泥棒は警備員たちを美術館の地下に連れていった。そして、粘着テープで口をふさぎ、手錠でふたりを暖房のパイプにつないだ。これで邪魔者はいなくなった。

4. やりたい放題

泥棒は最新のセキュリティシステムを難なく突破。そして監視カメラに覆いをかぶせると、81分もかけて美術館の展示室を歩き回り、絵画や装飾品を盗んでいった。

レンブラント・ファン・レイン作《ガリラヤ海の嵐の中のキリスト》

ヨハネス・フェルメール作《合奏》

エドゥアール・マネ作《トルトニ亭にて》

レンブラント・ファン・レイン作《黒衣の紳士と淑女》

ホーファールト・フリンク作《オベリスクのある風景》

5. ダッチルーム

　最初のターゲットは2階の〈ダッチルーム〉だった。窃盗犯はいくつかの額縁を壁から外し、中の絵画を取りだした。額から出すために、無造作に切り取られた作品もある。

　絵画を手に入れると、空の額縁を展示室に残し、ふたりはつぎの展示室へと向かった。

　ダッチルームから持ちだした作品は合計6つ。

レンブラント作品3点:
有名な《ガリラヤ海の嵐の中のキリスト》(海を描いた唯一のレンブラント作品)、《黒衣の紳士と淑女》、切手より少し大きいサイズの《自画像》。

フェルメール作品1点:
フェルメール作品として認められている希少な36作品のなかのひとつ《合奏》。

フリンク作品1点:
1970年代までレンブラントの作品とされていた《オベリスクのある風景》。

古代中国の青銅製の大杯1個:
紀元前12世紀の品。ほかの強奪品ほどの価値はない。

6. ショートギャラリー

　つぎに狙われたのは、同じ2階にある〈ショートギャラリー〉。貴重なイタリア絵画が展示してある部屋も通ったが、ニセ警察官は立ち止まって額を外すことはなく、ショートギャラリーへ直行し、そこで盗みを働いた。

ドガのデッサン5点:
馬に乗った騎手3点、芸術イベントのプログラムのためのデッサン2点。

ナポレオン帝国軍の旗ざおについている鷹の飾り:
なぜこんなものを盗んだのかは不明。

7. ブルー・ルーム

　〈ブルー・ルーム〉は3つめにして最後の標的となった。1階にあるこの展示室には、サージェント、ドラクロワ、コロー、クールベなど、米国やフランスの巨匠たちの作品が展示されていた。ところが、泥棒が持ち去ったのは小さな作品たったひとつだけだった。

マネの油絵1点:
パリのカフェに座る男の肖像画《トルトニ亭にて》。

なぜか、この絵の額縁だけは展示室から持ち出されていた。泥棒は挑発するかのように、警備責任者の事務所の椅子に額縁を置いていった

8. 逃亡

　もうひとつ驚くべきは美術館の至宝、ティツィアーノの《エウロペの略奪》が展示されている3階に上がらなかったことだ。〈ブルー・ルーム〉をあとにした犯人たちは、監視カメラのビデオテープとモーションセンサーの記録を奪って任務を終えた。

　81分のあいだに美術館は散々に荒らされた。午前2時45分ごろ、ニセ警官ふたりはばらばらに建物を出て、そのまま永久に姿を消した。

1990年3月18日未明、ふたりの泥棒は
ゆうゆうと美術館をあとにして別々に
歩いていった。そして戦利品を2台の
バンに積むと、それっきり姿を消した

警察の捜査

夜明けとともに

翌朝8時、日勤の警備員が、口をふさがれ手錠でつながれた同僚を地下室で発見した。そこではじめて盗難が発覚する。

ふたりの警備員は人生最悪の一夜を過ごし、美術館は米国史上最大の美術品盗難事件に見舞われた

犯行の足跡

現場に到着した本物の警察が回収できたのは、パソコンのハードディスクに保存されたモーションセンサーだけだった。さすがの犯人も、この記録の消去までは思いいたらなかったようだ。だが、それ以外の証拠は、何ひとつとして残っていなかった。

犯人は足跡をつけずに5億ドル以上の美術品を盗みだすことに成功した

盗みのプロ

警報システムを熟知した犯人の手口から、警察の捜査官はふたりがプロの窃盗犯だと確信した。

一方で、盗品の選定にはかたよりがあった。また、絵画の盗み方があまりにも雑だったことから、警察は窃盗犯が美術専門家ではないと判断した

容疑者1　青年　変装後
容疑者2　青年　変装後

不可解な点

彼らが美術品に通じていないとすれば、この奇妙な盗難事件にはマフィアが絡んでいたのだろうか？ あるいは、何者かに依頼されたのか？ 盗む作品はあらかじめリストアップされていたのか、それともふたりが行き当たりばったりで選んでいったのか？ なぜ美術館で最も価値のあるイタリア絵画を盗まなかったのか？ 中国の大杯と鷹の旗飾りを盗んだのは、仕事納めのいたずらだったのか？

警察側にはさまざまな疑問が残ったが、ひとつとして答えを得ることはできなかった

懸賞金

手がかりがほとんどなく、盗難作品を取り戻せる見込みがなかったため、美術館は情報提供者に高額な懸賞金を与えることにした。

イザベラ・スチュワート・ガードナー美術館は、作品の回収につながる情報に対して500万ドルを支払うと発表した。2017年には2倍の1000万ドルまで上げ、その年末を期限とした

美術館は、盗まれた絵画が入っていた、空の額縁を展示しつづけることで、作品回収への意気込みを示した。しかし、その思いが果たされることはなかった。

警察の失敗

盗難から30年以上が経過したが、いまだ犯人の行方はわかっていない。

この事件は犯罪界最大のミステリーとなった。本件により失われた芸術的価値は計り知れない

The New York Times

第166巻　第57674号
VOL. CLXVI . . . No. 57,674

ニューヨーク 1994年6月30日（木）
NEW YORK, Thursday, JUNE 30, 1994

6.00ドル
$6.00

<u>ロシアの若き数学者、世界の銀行をおびやかす</u>

ハッカーが シティバンクを攻撃

盗みの計画

ハッカーがシティバンクのコンピューターセキュリティを突破

ウラジーミル・レヴィン

レヴィンは、サンクトペテルブルク大学で生物化学と数学を学んだ。理系分野が得意で、コンピューターの扱いにも熱心だった。彼は世界中の銀行のセキュリティシステムを攻撃するために、その並外れた知識をお

しげもなく使った。何時間もコンピューターに向かい、セキュリティシステムを回避するさまざまな戦略を練った。

サンクトペテルブルク大学時代のウラジーミル・レヴィン

いつ*	どこで*サンクトペテルブル グにあるパソコンからシティ バンクを攻撃(ロシア)	だれが* ウラジーミル・レヴィン と彼のハッカー集団	強奪品* 1070万ドル (約15億円)	裁判*レヴィンに対し、3年 の実刑判決とシティバンクへ の24万ドルの支払い命令
1994年6月				

ニューヨークのシティバンク
本社ビル

犯行の一部始終

青年はパソコンとモデムだけで遠く離れたオフィスから世界のメガバンクを攻撃した

1. コンピューター会社、AOサターン社

攻撃はサンクトペテルブルク市内にあるオフィスからはじまった。ウラジーミル・レヴィン青年は、インターネットに接続されたコンピューターを使って仕事をしていた。

彼はもの静かに、悪いことなどしていないような顔で銀行のセキュリティシステムを破る方法をひたすら考えていた。

2. アカウント番号とパスワードのリスト

何時間もかけてねばりにねばったレヴィンは、ついにやってのけた。サンクトペテルブルクのオフィスからシティバンクのシステムにログインしたのだ!

そして、当座預金の口座とパスワードのリストをダウンロードし、やすやすとシティバンクの顧客口座から自分の個人口座に金を振り込んだ。

レヴィンは金の卵を産むガチョウを手に入れた

サンクトペテルブルクのAOサターン社本社。
1994年、ウラジーミル・レヴィンはここからサイバー攻撃を仕掛けた

ウラジーミル・レヴィンはごく普通のパソコンを使って、
世界一高度な決済システムのセキュリティを突破することに成功した

3. ハッカー集団

計画がうまくいくと見込んだウラジーミル・レヴィンは、国際的なハッカー集団を結成した。

世界各地から同時攻撃を仕掛け、追跡不能になるまで口座から口座へ資金の移動をくり返す、それがレヴィンの作戦だった。

レヴィンはハッカー集団を結成し、世界のシティバンクのシステムをおびやかした

4. 世界各国の秘密口座

ハッカーネットワークは、アルゼンチン、米国、フィンランド、オランダ、ドイツ、イスラエルの口座への送金に成功した。彼らは数週間のうちに、イスに座ったままで1000万ドル以上を盗みだした。

そのとき、銀行はハッカーたちの攻撃に気づいていなかった

5. メガバンクの危機

レヴィンと仲間たちは、銀行の金が安全ではないことを証明した。史上最大の攻撃を受けたシティバンクは、サイバー攻撃を警察に通報した。

6. 強奪品

いくら盗まれてどの口座に入金されたのか、正確なことはだれにもわからなかった。ハッカーが築きあげたコンピューターの迷宮の中では、盗難の規模すら知ることはできなかった。

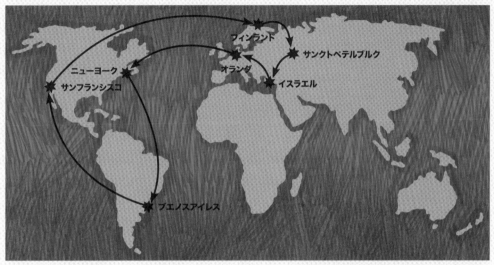

盗まれた金は、米国、フィンランド、アルゼンチン、オランダ、ドイツ、イスラエルにある複数の口座に送金された

警 察 の 捜 査

国際刑事警察機構はハッカー集団の動きを追跡するための装置を仕掛け、メンバーの逮捕に乗りだした。彼らの〈海賊〉活動の足跡を追ったのだ

逮捕

捜査開始から数ヶ月後、国際刑事警察機構はついに事件の首謀者を突きとめた。

ビデオゲームの大会に向かっていたレヴィンは、ロンドンの空港で捕まった。

ハッカー集団のリーダーであることを認める

裁判

ウラジーミル・レヴィンはニューヨークのシティバンクへのサイバー攻撃を首謀した罪に問われ、米国で法廷に立たされた。

被害額は1000万ドル（約15億円）以上と推定され、レヴィンは有罪になったが、3年の懲役刑と24万15ドル（約3574万円）の返済を命じられただけだった。盗まれた金のほとんどは、すでに保険会社が肩代わりしていたのだ。残りのメンバーも捕まって有罪判決を受けたが、現在のところ全員が逃亡中である。

ハッカーの脅威

ハッカーは銀行や企業にとって現実的な脅威となっている。サイバー攻撃から身を守るためのセキュリティシステムの設計に数百万ドルが投じられているのが現状だ。

しかし、腕利きの攻撃者を確実に封じこめる手段はない。そのため、攻撃をしかけてきたハッカー自身をあえて雇うといった対策をとる企業もある。

都市と郊外

STAD EN RAND

2003年2月16日　**16 FEBRUARI 2003**
www.gva.be

DAGELAD 152番 - PRIJS: ベルギー 2.50ユーロ **DAGELAD NO. 152 - PRIJS: België € 2,50**
ルクセンブルク2.30ユーロ - オランダ3.20ユーロ Luxembourg € 2,30 - Nederlands € 3,20

GAZET VAN ANTWERPEN

アントワープ・ワールド・ダイヤモンド・センター強奪事件

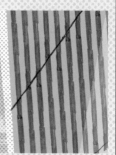

イタリア窃盗団、世界最高水準のセキュリティシステムを破り、1億ドル相当の宝石を盗みだす

いつ❋	**どこで**❋アントワープ・ワールド・ダイヤモンド・センター（ベルギー）	**だれが**❋レオナルド・ノタルバルトロと彼の窃盗団ラ・スクオーラ・ディ・トリノ	**強奪品**❋金、ダイヤモンド、ジュエリー総額1億ドル（約137億円）相当	**裁判**❋ノタルバルトロに懲役10年、残りのメンバーに懲役5年の判決
2003年2月15日~16日の週末				

盗みの計画

アントワープ、ダイヤモンド地区の〈信頼できる〉商人

世界のダイヤモンドの中心地、アントワープのダイヤモンド地区。世界の宝石の8割がここで働く有能な職人たちによってカットされ、研磨されている。

2000年、レオナルド・ノタルバルトロはこの有名な地区の中心に事務所を借りた。そして、誠実なダイヤモンド商人のごとくふるまっていた。

コーヒーを飲んで、ダイヤモンド界の名士たちとじっくり語りあい、商人たちの信頼を得る。すべては、盗みのためだった。

謎の貿易商からの挑発

ノタルバルトロは、盗んだ宝石を〈信頼できる〉宝石商に売っていた。ある日、ノタルバルトロの秘術を知る謎めいた貿易商が、彼にすごい話を持ちかけた。

「史上最大のダイヤモンド強盗のために、きみを雇いたい」と彼は言った

ワールド・ダイヤモンド・センターの難攻不落の金庫を襲撃し、1億ドルものダイヤモンドを盗みだす。それが謎の貿易商の提案だった。

警察と63台の防犯カメラによって24時間監視されているとはいえ、ダイヤモンド地区は腕利きの窃盗団の憧れの場所だ。
ノタルバルトロも、その例外ではなかった

蛇使い
レオナルド・ノタルバルトロ

このイタリア人窃盗犯は「自分は盗むために生まれてきた」とまで言いきっていた。6歳のとき、近所の牛乳屋が寝ているすきに盗みをはたらいた。そのときから、彼は延々と続く長い犯罪の道を歩みはじめる。

ノタルバルトロは、いうなれば蛇使いだった。エレガントでお世辞がうまいうえに抜け目がなく、どんな人からも信頼される。もちろんすべては、高価な品を盗みだすためだった。

ノタルバルトロは、ダイヤモンド地区の目抜き通りにあるカフェによく座っていた。
謎の人物が彼の横に座って世紀の大強奪の話を持ちかけたのも、このカフェだった

取引の
はじまり

　世界で最も安全な場所のひとつ、ワールド・ダイヤモンド・センターの金庫を盗むことは果たして可能なのか？ ノタルバルトロはこのいたってシンプルな問いを突きつけられた。提示された金額は10万ユーロ（約1450万円）。この金額なら……一考の価値はある！

不可能への
挑戦

　ノタルバルトロはこの話を引き受ける前に、うまくいくかどうか調べてみることにした。客のふりをしてワールド・ダイヤモンド・センターの金庫室に侵入したのだ。彼は界隈では誠実な商売ぶりで知られていた。

　中に入ると、ペンに仕込んだ小型カメラで金庫の細部を撮影した。そして謎の貿易商に強盗は不可能だと示そうとしたのだ。

難攻不落の
要塞、ワールド・
ダイヤモンド・
センター

　地下2階の金庫室は、3tもあるドア、動き・熱・光を感知するセンサー、1億通りの組みあわせができる錠前、さらに監視カメラで守られていた。それは、地球上で最も安全で気密性の高い金庫室だった。

金庫室の
複製があれば
盗みは可能

　ところがその6ヶ月後、不屈の謎の貿易商はノタルバルトロに驚くべき知らせを運んできた。なんと、廃墟になった倉庫の中にワールド・ダイヤモンド・センターの金庫室をそっくり再現したというのだ。

　あとは知り合いの腕利きのプロフェッショナルを集めて実行に移すだけだ、と商人は言った。

　こうして結成された窃盗団は、金庫室のレプリカを使ってアラームを鳴らさずに侵入する方法を編みだし、実践練習を重ねることになる。

◆

金庫室のドアは12時間ドリルで穴を開けつづけたとしても、持ちこたえられるようになっていた

ラ・スクオーラ・ディ・トリノ 窃盗団

鍵、アラーム、トンネルの
エキスパートを集め、
どんなに困難な犯罪をも
やってのける。
窃盗団のメンバー
一人ひとりが
〈技〉の達人だった

ノタルバルトロは強盗を 請けあい、つわものたちを 集めた

選ばれた男たちで、 イタリアの窃盗団が 結成された

| レオナルド・ノタルバルトロ | フェルディナンド・フィノット | エリオ・ドノリオ | ピエトロ・タバーノ | 不明 |

レオナルド・ ノタルバルトロ

エレガントな紳士でありペテン師。トリノ出身。2年以上にわたってアントワープのダイヤモンド地区で、品行方正なイタリア人ダイヤモンド商を演じる。強奪作戦の首謀者。

フェルディナンド・ フィノット

モンスター

長身で筋肉質、鍵の扱いにたけている。電気技師、整備士、運転手でもある。1997年の銀行強盗の失敗から多くを学び、ワールド・ダイヤモンド・センターを襲うほどの凶悪強盗となる。

エリオ・ドノリオ 天才

あらゆるアラームを解除できるスペシャリスト。ワールド・ダイヤモンド・センターの複雑なセキュリティを突破するための独創的な方法を生みだした。

ピエトロ・タバーノ スピーディー

運が悪く、作戦を失敗させる名人として知られる。ノタルバルトロの幼なじみで忠実な友。悪事をはたらくときの仲間。

名前不明 鍵の王

晩年まで、世界屈指の鍵の複製師だった。メンバーのなかで逮捕されなかったのはこの男だけ。写真も存在しない。

ワールド・ダイヤ モンド・センター の徹底調査

　ノタルバルトロは、何ヶ月もかけて金庫室の詳細な情報を集めた。高潔な商人というニセの仮面をかぶってアントワープ・ワールド・ダイヤモンド・センターに出入りしていたおかげで、疑いをかけられることはまったくなかった。

ニセ金庫室で 強盗の実践 練習

　メンバー全員で金庫室の弱点を探し、襲撃の準備をした。スペシャリストたちは暗闇の中で実践練習を行ない、高度なセキュリティシステムを回避するための完璧な計画を練りあげた。

金庫室入り口の 暗証番号

　2002年9月のある日、警備員のひとりが金庫室のドアに近づいて、ダイヤルキーのダイヤルを回しはじめた。その頭上では窃盗団が設置した小型ビデオカメラが警備員の動きを記録していた。ダイヤルを1回転するたびに、数字の組みあわせができる。こうして窃盗団は、入り口の暗証番号を手に入れた。

◆ ついに 本物の 金庫室を 襲撃する 準備が 整った

犯 行 の 一 部 始 終

1. 熱・モーション センサー

2月14日、ノルタルバルトロはいつものように、何の疑いも持たれることなくセンターの金庫室に入った。

そして、いい人ぶった偽りの姿で、こっそり熱・モーションセンサーにヘアスプレーを吹きかけた。

単純だが、きわめて効果的な仕掛けだった。こうすれば、金庫室にだれかが入ってきても、しばらくはアラームが鳴らなくなる。

ノタルバルトロは金庫室を下見したときに犯行の下準備を行なっていた

2. ひとけの ないダイヤ モンド地区

その2日後、地区の人たちがテニスの決勝戦に夢中になっているあいだに、金庫室が襲われた。

窃盗団は夜になるのを待って、警備員が金庫室の入り口を鉄のドアで封鎖すると襲撃を開始した。

夜のあいだ 警備はテクノロジー 任せだった。 窃盗団はその弱点を うまくついた

だれもいなくなったダイヤモンド地区で、ノタルバルトロはレンタカーのプジョー307をワールド・ダイヤモンド・センターの隣のビルにつけた。プジョーから出てきたのは、モンスター、天才、鍵の王、そして幼なじみのスピーディー。

鍵の王が鍵を開け、モンスターはビルの屋上に登った。そこからダイヤモンドセンターに飛び移り、ポリエステル製のシールドを使って熱センサーをさえぎって侵入。残りの泥棒たちも、黒いビニールで監視カメラを覆ったあとに続いた。

金庫室にたどり着くと、今度は天才がドアのセキュリティをひとつひとつ解除していった。

いよいよ鍵でドアを開けるときがきた。だが、鍵の王の出る幕はなかった。警備員が壁に鍵をかけっぱなしにしていたのだ。どうやら、運が向いてきたようだ。

ニセ金庫室での 実践練習の すべてがついに 実を結んだ

3. 暗闇での 襲撃

窃盗団はあらゆるセキュリティを突破して、金庫室への侵入に成功した。暗闇のなかで、記憶をたどりながら練習通りに手を動かす。暗い室内で189個ある貸金庫のうち100個以上を開け、ダイヤモンドやら宝石やらをつぎつぎ袋に詰めていった。

地区に人びとが戻る前の午前5時30分、彼らは強奪品をたずさえてワールド・ダイヤモンド・センターをあとにした。

アラームは発動 されなかった。 襲撃成功!

ノタルバルトロは警察の無線を聞きながら、借りもののプジョーを路上に停めて仲間を待っていた。窃盗団を乗せたプジョーは、隠れ家を目指してゆっくりと走り去った。

2003年2月17日(月)の朝、ダイヤモンド地区とその商売の監視を担当するアントワープ警察に一本の電話が入った。ダイヤモンドセンター強盗の通報だった

アントワープのダイヤモンド・センターの金庫室は10段階のセキュリティで守られていた

ドア:　　**金庫室:**

1. ダイヤルキー
   （0~99）
2. キーロック
3. 地震センサー
   （内蔵型）
4. 鉄格子
5. 磁気センサー
6. 外部防犯カメラ

7. センサー解除用キーパッド
8. 光センサー
9. 内部防犯カメラ
10. 熱・モーションセンサー

地下2階の金庫室はすっからかん！
盗まれたダイヤモンドの価値は推定約1億ユーロ（約145億円）！

4. 謎の商人にだまされる

無事、隠れ家に到着した窃盗団は、暗闇のなかで運んできた袋を開けた。驚いたことに、ほとんどの袋はからだった。

何かがおかしい。謎の貿易商との約束の1億ドルどころか、ぜんぶで2000万ドルにしかならない。

そこでようやく、一団は気がついた。あの貿易商にだまされた！

ノタルバルトロはだまされた。しっぺ返しを食らったのだ

貿易商は前もって金庫からダイヤモンドをこっそり抜きとっていた。何も知らない保険会社は、事件当時にダイヤモンドが金庫の中にあったと思いこみ、所有者に補償金を支払った。

強奪は、盗まれたとされるダイヤモンドの何百万ドルにものぼる補償金を受け取るための偽装で、ノタルバルトロはだまされたのだった。

ダイヤモンド強盗ではなく、実際は史上最大の保険金詐欺だった

5. スピーディーの脱出と不運

ノタルバルトロと仲間のスピーディーは、戦利品の分け前を持って大急ぎで街を出て、イタリアに向かった。

その道中で、お宝を包んでいた紙を捨てようと考えたふたりは、証拠を燃やすために車を止めた。ところが、ふいに物音がしてスピーディーがパニックになり、ふたりとも逃げてしまった。完璧な強盗をやってのけたのに、ここでまたスピーディーのせいで運に見放されてしまった。というのも、彼らの指紋のついた包装紙が突風にあおられて森に散ったのだ。

証拠隠滅を図ろうとしていたスピーディーとノタルバルトロを驚かせたのは、イタチの猟師だった。

翌朝、ばらまかれた包装紙を見つけた男が警察に連絡した。アントワープ・ワールド・ダイヤモンド・センターのスタンプが押されたその紙を警察は見逃さなかった。

◆ スピーディーの不手際のおかげで、警察はノタルバルトロを見つけた

ワールド・ダイヤモンド・センターの地下にある金庫室の様子

警察の捜査と裁判

ノタルバルトロは、
現場近くで発見された
食べかけのサンドイッチから
採取されたDNAと、ダイヤモ
ンド・センターのビデオテープ
から強奪事件との関連性を
疑われ、逮捕された

道路に散乱した証拠品から、警察は窃盗団を
つきとめた。唯一、老練な鍵の王だけは警察の
手から逃れた

裁判の様子

　ベルギーの裁判所は、ノタルバルトロに10年の懲役を言い渡した。ほかのメンバーは5年間、獄中で過ごした。

強奪品

　結局、強奪品が回収されることはなかった。いまもアルプスの険しい山々のどこかに隠されているかもしれない。
　そして、謎の貿易商はあとかたもなく姿を消した。

ブリュッセルの北、高速道路E19付近。
スピーディーはここで強奪品の包み紙を入れたゴミ袋を捨てた

ISSN 1517-6819

O POVO

FORTALEZA-CE, TERÇA-FEIRA, 7 de agosto de 2005 ANO LXXVIII N° 25.664 R$ 2,00

86ページ版
EDIÇÃO COM 86 PÁGINAS

セアラ州フォルタレーザ　2005年8月7日（火）　創刊78年目　第25664号　2.00レアル

前代未聞！
1億6400万レアル
（約44億円）盗まれる

全長80mの地下トンネルから
ブラジル中央銀行フォルタレーザ
支店を襲撃

驚くべき
工学技術
を駆使した
ブラジル史
上もっとも
大がかりな
強盗事件

ブラジル北東部の海岸沿いの
都市、フォルタレーザ

ブラジル中央銀行フォルタレーザ支店のビル

| いつ＊ 2005年8月 6日〜7日 | どこで＊ブラジル中央銀行フォルタレーザ支店（ブラジル） | だれが＊ 35人の強盗団 | 強奪品＊ 1億6400万レアル（約44億円） | 裁判＊逮捕されたのは強盗団の数人のみ。そのなかで一番重い懲役49年を言い渡されたのは〈ドイツ人〉と呼ばれるリーダー |

盗 み の 計 画

アイデア

　ブラジル中央銀行フォルタレーザ支店への襲撃を思いついたのは、この銀行に出入りする運送会社の警備員だったと言われている。

　アントニオ・ジュシヴァン・アウヴェス、通称〈ドイツ人〉はフォルタレーザを訪れた際に、警備員たちから強盗計画をもちかけられた。

長いトンネルを掘り中央銀行の地下金庫を襲撃する。それが計画の内容だった

機密情報

　強盗計画を聞いたドイツ人は、それから数ヶ月にわたって中央銀行の金庫の正確な位置、防犯カメラ、アラーム、モーションセンサー、そして現金収納カゴにいたるまで、詳細におよぶ情報をごっそり集めた。

まるで映画のようなむちゃくちゃな襲撃。とはいえ不可能ではないし、銀行内部には共犯者までいた

プロフェッショナルなチーム

　この偉業のためにドイツ人は各方面のスペシャリストを集め、強盗団を結成した。

　技術者、穴掘り屋、書類のねつ造家。大口の出資家は、銀行の金庫に通じる大がかりなトンネル工事のための高額な資金を投じてくれた。

偽装工作

　中央銀行の地下金庫室までの大工事、そのためには偽装工作も必要だった。

　強盗団は銀行の近くに小さな家を借り、表にニセの造園会社の看板を掲げた。メンバーは庭師さながらの仕事着に身を包み、大型車にはニセ会社のマークまで入っていた。

　この架空のビジネスのおかげで、トンネル掘りで出た土を運びだしても、近所から怪しまれることはなかった。

　計画を実行に移すための準備が、着々と進められていった。

トンネルの出入り口となる家は芝生の施工を行なう造園会社に姿を変えた

銀行近くの借家から金庫室を目指し、強盗団は3ヵ月かけて80mのトンネルを掘った。そして2005年8月6日と7日の週末に侵入し、現在の価値でおよそ44億円を盗みだした

犯 行 の 一 部 始 終

1. 銀行までのトンネル

こうして10人のチームが、地下トンネルで休みなく働きはじめた。毎日、ニセ庭師たちが大量の土を集めては、大型車で運びだした。

強盗団の思惑どおり、土を運んでいても近所の人たちから怪しまれることはなかった。造園会社なら当然だと思ってもらえたのだ。

3ヶ月かけて、ついにトンネルが完成した。トンネルは街一番の目抜き通り、ドン・マヌエル通りの地下を通って銀行までのびていた。

2. 大がかりな工事

採取された土
30t

全長
80m

地滑りを防ぐ木造支柱

換気と空調

内部の照明装置

80mのトンネル内部には、照明と支柱が並ぶ

3. 堅く守られた金庫室

銀行の床下までたどり着いた強盗団は、週末まで待って金庫室に侵入することにした。

金庫室の床は1.1mの鉄筋コンクリートで守られていた。この厚い壁を破るには、ダイヤモンドカッターと火炎放射器が必要だった。大きな音が出ないように細工した電動ハンマーも不可欠だ。床をつき破るときに出る騒音を、なんとしてもおさえなければならない。

強盗団はアラームを作動させずにコンクリートをつき破ることに成功。ついに内部に侵入した！

大金を投じた破天荒な工事だった

4. 監視カメラの解除

金庫室は500㎡の大きな部屋で、すみずみまでカメラで監視されていた。だが、銀行内部者と接触していたおかげで、犯行のあいだは監視カメラを解除することができた。

5. 強奪品

強盗団は急ぐ様子もなく、5つの金庫を開けていった。金庫の中には使用済みの50レアル札が数百万レアル分もあった。

これらの中古紙幣は、再び流通させるか、焼却するかを判断するため、銀行でチェックを受けることになっていた。

シリアルナンバー順になっていない紙幣だったため、警察の追跡は不可能

6. 重い荷物

3tの紙幣をロープと滑車のついた台車にのせ、トンネルの中を7時間かけて隠れ家まで引きずって運んだ。

7. 逃走

襲撃に使った道具はすべてトンネルに置き去りにして、盗んだ現金を隠れ家から大型車に積み込んだ。そして家の中に石灰をまいて指紋を消したのち、強盗団は朝の静けさのなかを逃げた。

銀行開店の数時間後には、強盗団は1億6400万レアルを山分けして解散した。

泥棒たちは国内に散っていった

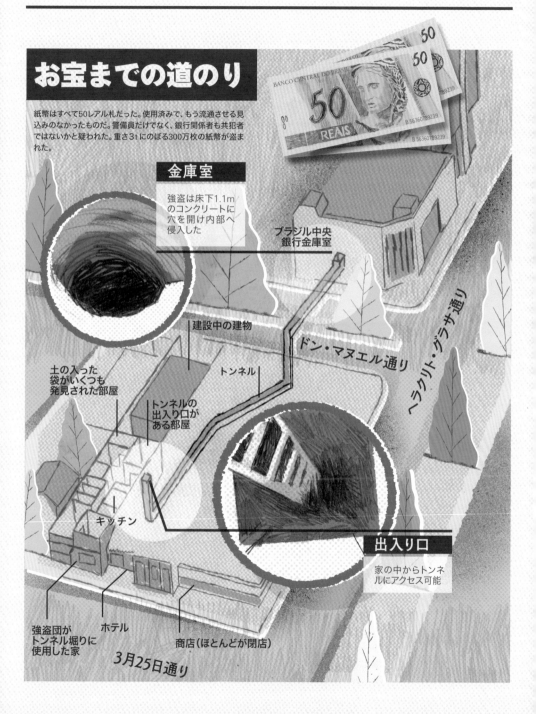

お宝までの道のり

紙幣はすべて50レアル札だった。使用済みで、もう流通させる見込みのなかったものだ。警備員だけでなく、銀行関係者も共犯者ではないかと疑われた。重さ3tにのぼる300万枚の紙幣が盗まれた。

金庫室
強盗は床下1.1mのコンクリートに穴を開け内部へ侵入した

ブラジル中央銀行金庫室

建設中の建物

トンネル

ドン・マヌエル通り

ヘラクリト・グラサ通り

土の入った袋がいくつも発見された部屋

トンネルの出入り口がある部屋

キッチン

出入り口
家の中からトンネルにアクセス可能

強盗団がトンネル堀りに使用した家

ホテル

商店（ほとんどが閉店）

3月25日通り

O POVO

身元が確認された強盗団メンバー

アントニオ・ジュシヴァン・アウヴェス
〈ドイツ人〉強盗団のリーダー

盗みを実行して500万レアルを受け取ったことは認めたが、強盗団のリーダーであったことは決して認めなかった。最高刑の懲役49年2ヵ月を言い渡される。

ルイス・フェルナンド・リベイロ
〈フェルナンジーニョ〉
出資家

強盗の資金を調達。警察は彼を捕まえることができなかった。だが、別のギャングに誘拐され、家族が身代金200万レアルを払ったにもかかわらず殺される。

アントニオ・アルゲウ・ヌネス・ヴィエイラ
出資家

セアラ州ボアビアジェン市の元市政監督官。強盗の資金源として投獄されたのちに、証拠不十分で釈放される。

モイセス・テイシェイラ・ダ・シルバ
穴掘り屋

強盗団の首謀者のひとりとされる。行きつけのパン屋に潜入していた諜報員によって捕まえられた。17年の懲役を言い渡されたが、2年で釈放される。

マルコス・ロジェリオ・マシャド・デ・モライス
技術者

最終的に投獄されたが、数年後に脱獄に成功。それ以来、所在不明。

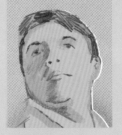

ジョゼ・シャルル・マシャド・デ・モライス
資金洗浄屋

運送会社のオーナーで、マルコス・ロジェリオ（技術者）の弟。強盗で得た金を洗浄した罪に問われ、36年の懲役を言い渡された。その後、映画のような救出劇によって、ほかの8人の受刑者とともに刑務所から脱出する。

ジョルジ・ルイス・ダ・シルバ
ねつ造家

虚偽の書類をねつ造し、強盗作戦の隠れ蓑となる造園会社の設立を担当。最後には投獄される。

デウシマー・ネヴェス・ケイロス
情報屋

ブラジル中央銀行フォルタレーザ支店の元警備員。金庫室の正確な場所、監視カメラ、アラーム、モーションセンサー、現金収納カゴの位置情報を提供。強奪品のうち200万レアルを受け取ったが、警察から逃げきれず刑務所に入れられる。

逃亡者と行方不明の強奪品

　この強盗事件で多くの人が刑務所に入れられたが、身柄を拘束されなかった人もたくさんいる。とりわけ地位の高い人たちは、刑務所行きを命じられることはなかった。
　しかも、盗まれた現金のうち回収できたのはわずか10％だった。長い刑に服しているメンバーがいる一方で、自由の身の〈お偉い〉強盗たちは、世界のどこかでお宝を心ゆくまで楽しんでいる。

映画

マルコス・パウロ監督による映画『ブラジル中央銀行襲撃』（*Asalto al banco central*／2011年）は、この有名な強盗事件を題材にしている。

警 察 の 捜 査

8月8日（月）、銀行が開店
した。

堅く守られた
金庫室の床に
開いた穴から
謎のトンネルが
続いていた

アントニオ・セルソ・ドス・サントス連邦警察官

勇敢な捜査員たちがトンネ
ルの調査に名乗りをあげた。
警察は、強盗団がトンネルに
わなを仕掛けているのではな
いかと疑った。それでも、彼ら
は80mもある暗いトンネルを
歩いて、どこに続いているのか
を突きとめた。

造園会社を
装った家は
捜査本部に
姿を変えた

紆余曲折の末、警察は事
件の検証をはじめたが、近隣
の住民は驚きを隠せなかっ
た。なにしろ、彼らは何ヶ月も
のあいだ、犯罪目的のとんで
もないトンネル工事を間近で
見ていたのだから。

トンネルが
伝説となる

この事件は新聞の紙面を
にぎわせた。強盗団が80m
のトンネルを通ってブラジル
中央銀行から1億6400万レ
アルを盗みだしたのだから、
無理もない。

脅迫も発砲も
なく、ひとつの
アラームも
鳴らなかった。
この強盗は、
ブラジル史上
最大かつ最も
巧妙な強盗
事件となった

連邦警察

連邦警察の敏腕アント
ニオ・セルソ・ドス・サン
トスが、頼もしいチーム
を率いて事件の捜査を
担当した。

億万長者のミス

一団が細心の注意を払っ
たにもかかわらず、アントニ
オ・ドス・サントスの捜査チーム
は家の中から強盗団のひとりの
指紋を見つけだした。ドイツ人
の義兄、ジョゼ・マルレウドの
ものだった。

数日後、メンバーのジョゼ・
シャルル・マシャド・ヂ・モライ
スが50レアル札で車を10台
買った。警察はすぐに彼が強
盗に関与していると判断した。

警察に残りのメンバーの情
報を流したのは、このふたりの
強盗、ジョゼ・マルレウドとジョ
ゼ・シャルル・マシャド・ヂ・モ
ライスだった。

指名手配:

ブルース・レイノルズ

ブルース・レイノルズ率いる15人の強盗団がグラスゴーの郵便列車を襲撃する。

強奪品：260万ポンド（約70億円）

ビンセンツォ・ペルージャ

ただの大工がルーヴル美術館の警備の不備をつく。

《モナ・リザ》盗難事件

ディオニシオ・ロドリゲス・マルティン
通称〈エル・ディオニ〉

一夜にして、無名の労働者からスペイン一の成金逃亡者となる。

強奪品：3億2000万ペセタ（約2億8000万円）

ひとりの若者が、シティバンクのコンピューターセキュリティを突破する。

強奪品：1070万ドル（約15億円）

ウラジーミル・レヴィン

アルベール・スパジアリ

「武器も 暴力も そして憎しみも ない」

現金や宝石など、現在の価値で1000万ユーロ（約15億円）をソシエテ・ジェネラル銀行ニース支店から盗みだす

ダン・クーパー

シアトル行きボーイング727型機を爆破するとおどしをかける。

強奪品：20万ドル（約2700万円）

身元不明の泥棒ふたり

米国最大の美術品盗難事件は、いまだ未解決のまま。

強奪品：5億ドル（約680億円）相当の美術品13点

レオナルド・ノタルバルトロ

ラ・スクオーラ・ディ・トリノ窃盗団

警察と63台の防犯カメラが24時間監視するなか、大胆にもワールド・ダイヤモンド・センターを襲撃する。

強奪品：金、ダイヤモンド、ジュエリー総額1億ドル（約137億円）

通称〈ドイツ人〉率いる35人の強盗団

アントニオ・ジュシヴァン・アウヴェス

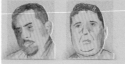

全長80mの地下トンネルからブラジル中央銀行フォルタレーザ支店を襲撃する。

強奪品：1億6400万レアル（約44億円）

1756年11月1日(月)

Lunedì 1 novembre 1756.

N° I

IPSE ALIMENTO SIBI.

GAZZETTA VENETA

CHE CONTIENE

Quello , ce è la vendere , da comperare , da darfi a fisso ,
le cofe ricercate , le perdute , le trovate , in Venezia , o fuori
di Venezia , il prezzo delle merci , il valore de cambi ,
ed altre notizie , parte dilettevoli , e parte
utili al Pubblico .

紙面内容
ベネチア内外の情報:売り、買い、魅惑、探し物、失くし物、
物価、為替相場、その他ニュース、新情報、お役立ち情報

歴史に名を
残した愛の征服者、
魅力あふれる
策略家、その名も
ジャコモ・カサノヴァ

いつ ＊	どこで ＊	だれが ＊	処罰 ＊	結末 ＊
1756年11月1日	ベネチアの刑務所ロス・プロモス（イタリア）	ジャコモ・カサノヴァ	魔術書の所持により投獄	脱走後、故郷のベネチアに帰るまで18年間ヨーロッパを旅する

ジャコモ・カサノヴァ
スキャンダラスな逃亡劇

策略家カサノヴァは、貴族の仲間入りをするためにその生涯をかけた。というのも、商人と女優のあいだに生まれた彼は、生まれながらの貴族ではなかったからだ。

しかし、洗練された知性、類まれなる教養、だれをも虜にする魅力によって、カサノヴァは18世紀の貴族を代表する色男となる。

カサノヴァが歩けば、人びとは心をくすぐられ、魅了された。宮廷の女たちは彼の魅力にめろめろだった。また、多彩な肩書を持つカサノヴァは、たくさんの重要な職務についた。

誘惑の達人であるカサノヴァは、作家のみならず、商人、哲学者、法学者、司書、チェリスト、数学者、スパイ、医者を自ら名乗っていた。だが、魅力たっぷりのこの人気者の裏には、ペテン師の顔が隠れていた。

スキャンダルやもめごとに追い回され、常に都市を転々とせざるを得なかった

カサノヴァは堅城鉄壁の刑務所ロス・プロモスから脱走した

カサノヴァの有名な愛人のひとり、ポンパドゥール公爵夫人

宗教裁判所から告発される

1755年、ジャコモ・カサノヴァの自由奔放な経歴は、ついに宗教裁判所によって制止される。

カサノヴァは、禁書所持と魔術を使った罪でベネチアの刑務所ロス・プロモスに入れられた

禁書『ソロモン王の鎖骨』には、精霊を呼びだす呪文、悪魔を操る方法、超能力を身につける方法、強力なお守りのつくり方などが記されている。

ルソー、ヴォルテール、モーツァルト、ポンパドゥール夫人などカサノヴァが関係を築いた著名人は数多い

鉛 の 牢 獄

ベネチアの有名な〈ため息橋〉のたもとにあるドゥカーレ宮殿の地下、そこに刑務所ロス・プロモスはあった。

脱獄を防ぐために独房の壁と天井が鉛(イタリア語でロス・プロモス)で補強されていたためこう呼ばれるようになった

地下牢での生活は、それはそれは辛いものだった。受刑者は病気や飢え、拷問により命を落とした。しかし、ジャコモ・カサノヴァは何とか耐え、生き残った。

ロス・プロモス内のカサノヴァの独房

逃 亡 計 画

受刑者が地下牢に入るときにため息をつきながら渡ったことから〈ため息橋〉と呼ばれるようになった

トンネル

刑務所に入れられたカサノヴァは、必死の思いで独房の鉄棒を1本外した。それでトンネルを掘ろうと考えたのだ。

そうして、数ヶ月かけてトンネルを掘っていった。ところが、あと一歩のところで別の独房に移されてしまう。

カサノヴァはずっと見張られていたのだ。彼は、新たな脱獄計画を練るよりほかなかった。

ベネチアの策略家は貴族社会に進出したときのように粘り強く緻密に脱獄を計画した

共犯者

カサノヴァは看守に監視されていたため、隣の監房の修道士を説得してトンネルを掘らせた。

看守が疑っていたのはカサノヴァだけで、修道士は警戒されていなかった。ふたりは、人目を引くことなくトンネルを掘り進めた。看守たちは、新たな脱獄計画にまるで気がつかなかった。

カサノヴァと修道士は、書物の中にメッセージを隠し、それを交換しあってコミュニケーションをとった

カサノヴァが
閉じこめられた
鉛の牢獄

逃 亡 の 一 部 始 終

1. 独房からの脱出

1756年11月1日、諸聖人の祝日の夜に、ジャコモ・カサノヴァと修道士は、新しく掘ったトンネルを通ってそれぞれの独房から抜けだした。

刑務所の出口にたどり着くまで、トンネルを掘るときに使った鉄棒で、内側からいくつもドアをこじ開けていった。

ロス・プロモスの300年の歴史のなかでカサノヴァが最初の脱獄者となった

2. ゴンドラでの逃亡

最後にカサノヴァと修道士は、窓からぶら下がって運河に下り立った。そこには、ゴンドラに乗った仲間が待っていた。

ふたりの脱獄者は暗闇のなか、ベニスの運河を渡り、恐るべき〈鉛の牢獄〉をあとにした。

1年間の獄中生活ののち、カサノヴァの2度目の脱獄は成功に終わる

逃亡ののちに

この華麗な逃亡劇によって、不屈の策略家であり愛の征服者であるカサノヴァは、ますます伝説のヒーローとなった。

逃亡後、カサノヴァはヨーロッパを旅して回った。20年近くも故郷を離れ、旧大陸の宮廷で貴族や王族をだましては誘惑した。

映画

2005年、米国の大ヒット映画『カサノバ』(CASANOVA)によって、ジャコモ・カサノヴァの異色の冒険がスクリーンに映しだされた。

ANTI-SLAVERY BUGLE.

「奴隷所有者との団結はない」
"No Union with Slaveholders."

第1巻
VOL. I.

オハイオ州、ニューリスボン 1849年3月29日（木）
NEW-LISBON, OHIO, THURSDAY, MARCH 29, 1849

第1号
NO. 1.

箱づめになって逃亡した奴隷

ヘンリー・"ボックス"・ブラウンは、奴隷制度のないアメリカ北部に向けて自分自身を発送した

27時間におよぶ旅でへとへとになったすえに、ヘンリー・ブラウンは奴隷制度とおさらばした

いつ＊	どこで＊	だれが＊	処罰＊	結末＊
1849年3月29日	バージニア州リッチモンドのタバコ農園（米国）	ヘンリー・"ボックス"・ブラウン	なし。奴隷だったため、そもそも自由がなかった	なんとか逃げて自由を手に入れた

ヘンリー・ブラウンについて

農園での子ども時代

　ヘンリー・ブラウンは、アメリカ南東部のバージニア州で生まれた。彼の家族はジョン・バレットのもとで働く奴隷一家で、当時としては優しい主人に仕えていた。ヘンリー少年は、許されるかぎり両親と兄弟といっしょに過ごし、幸せな子ども時代を送った。

農園での幼少期、ヘンリーは主人によくしてもらった

　1831年、15歳のときに主人が亡くなると、ヘンリーは主人の息子ウィリアム・バレットが所有する近くのタバコ工場に働きにでた。

知恵をしぼって自らを解放したヘンリー・ブラウンの肖像画。1816年に農園で奴隷の子として生まれ、1897年に自由な市民としてこの世を去った

リッチモンドのタバコ工場

　仕事ができたヘンリー青年は、すぐに周りから認められるようになる。そのころ、美しい黒人奴隷のナンシーと出会い、恋に落ちた。ヘンリーとナンシーは結婚し、3人の子どもを授かった。

　結婚生活は18年間続いた。ところがある日、4人目の子どもを身ごもっていたナンシーと3人の子どもたちが、別の主人に買われてしまう。

奴隷市場

　ナンシーが売られないように、前もってナンシーの主人にお金を払っていたにもかかわらず、ヘンリーは裏切られてしまう。1848年8月、ナンシーの主人はヘンリーとの約束をやぶって、バージニア州南部に隣接するノースカロライナ州の別の主人にナンシーと3人の子どもたちを売ってしまった。

　主人の決断を知らせてくれる人はなく、ヘンリーにはどうすることもできなかった。当時のバージニア州にはこのひどい仕打ちから彼を守ってくれる法律はなかったのだ。

　ヘンリーはのちに、自伝でこのときのことを語っている。「妻と子どもたちが家から連れだされたと知ったとき、わたしは仕事中だった。家族は奴隷市場に連れていかれ、ノースカリフォルニア州で働くために売られてしまった」。

ヘンリーは再び家族といっしょに暮らすために、ここから逃げだそうと誓った

19世紀中ごろの米国では、奴隷の売買がさかんに行なわれていた。奴隷たちは、人ではなくまるで物のように、買い手たちの前に並べられた

ヘンリーは臆することなく、やっと入れる木箱の中にぎゅっと丸くなって収まった

奴隷制度
廃止論者は
奴隷制に
反対し、
奴隷をなくす
ために闘った

逃亡計画

ただひとつ、いい知らせがあった。北部のいくつかの州では奴隷制が廃止され、逃亡した奴隷を助ける奴隷廃止団体があるというのだ。

ヘンリーは箱の中に入って、奴隷制度のない州に自分自身を送ることを思いついた

目的地に選んだのは、ペンシルベニア州北部のフィラデルフィア。箱はそこで反奴隷制組織に引き渡されることになった。

共犯者

計画を実行に移すために、ヘンリーはふたりの人物に協力を依頼した。教会の聖歌隊で知りあった自由民権派の黒人ジェイムス・スミス、そして数ドルと引き換えに手を貸してくれた地元の靴職人の白人サミュエル・スミスだ。

逃 亡 の 一 部 始 終

1. 木箱

ヘンリーは、大工を雇って木箱をつくらせた。クッション代わりに内側に厚手の毛布をはり、小さな空気穴を3つ開けた。仕上げに2枚のラベルを木箱にはりつけた。

〈取り扱い注意〉
〈この面を上に〉

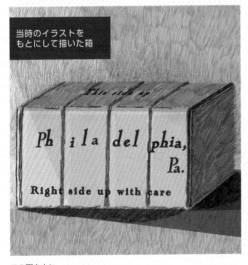

当時のイラストをもとにして描いた箱

This side up
Philadelphia, Pa.
Right side up with care

この面を上に
ペンシルベニア州フィラデルフィア
取り扱い注意

2. 自由な一日

3月29日(木)の朝、奴隷のヘンリーはタバコ工場を休むために、わざと怪我をした。

ヘンリーは硫酸で手をやけどさせ病院へ行くと言って街に出た

だが、実際のところは、共犯者のふたりに会いにいったのだった。

3. 郵便局

ヘンリーはふたりに木箱の送り賃を払うと、少しの水とビスケットを持って、やけどの手で木箱にもぐり込んだ。

ふたりの共犯者は重い木箱を手押し車にのせて近くの郵便局まで運び、フィラデルフィア市への発送手続きをした。

運は天にまかされヘンリーは箱の中に収まった

ADAMS & CO'S EXPRESS.
OFFICE—No. 5 FOURTEENTH STREET,
RICHMOND, VA.

アダムス&カンパニー・エクスプレス
オフィス － バージニア州リッチモンド14番通り5番地

ヘンリーは箱の輸送をアダムス・エクスプレス社に依頼した。送料86ドルは、ヘンリーの全財産166ドルから支払われた

4. 旅

箱はその日のうちにまず電車で運ばれた。その後、蒸気船、汽車、そして再び船から汽車、最後は馬車で移動した。

はり紙がしてあるにもかかわらず、木箱はいく度となくたたかれたり、引きずられたり、いろいろな向きで置かれたりした。

けれども、ヘンリーは木箱の中でじっとして、運搬人に気づかれないように音すら立てなかった。

ヘンリーは死にそうになりながらも27時間の過酷な旅に耐えた

箱づめヘンリーがたどった旅路

5. 目的地：自由

1849年3月30日、ついに木箱は目的地に到着した。ミラー・マッキム、ウィリアム・スティルらフィラデルフィアの反奴隷制団体のメンバーは、ヘンリーが入った大きな木箱を受け取った。

箱から出てきたヘンリーは、その場に居合わせた人たちがのちに語り継ぐこととなる、有名な一言を発した。

「みなさん、ご機嫌いかがですか？」

そして、このときのために選んでおいた聖歌を歌った。ヘンリー・ブラウンは、ついにやってのけたのだ。疲れきっていたけれど、生きていた！

待ちに待った瞬間。フィラデルフィアに到着し、箱から出て受取人に挨拶するヘンリー・ブラウン

地下鉄道

〈地下鉄道〉は、奴隷が自由になるための支援をする鉄道活動家たちによって構成された組織だ。

夜間も運行され、逃亡奴隷は奴隷制度廃止論者たちによって〈駅〉から〈駅〉へと運ばれた。この〈駅〉とは、家や教会など、自由への旅を続けるために休息したり食べたりすることのできる安全な場所をさしていた。

行き先は、ときにはカナダにまでおよんだ。白人の活動家は、逃亡中の奴隷が捕まることのないように、彼らの主人のふりをすることもあった。

ヘンリー・ブラウンは逃亡後、〈地下鉄道〉を象徴する存在になった。

逃亡のその後

当時33歳だったヘンリーは、ヘンリー・"ボックス"・ブラウンというあだ名で呼ばれ、自由の身となって新しい人生を歩みはじめた。

ヘンリーは、世界中の奴隷の権利のために精力的に闘った。彼は素晴らしい演説家となり、その偉業によって勇者の手本とされた。

演説家として

ヘンリーは、ニューイングランドで奴隷制の悪について演説を行なった。そして1849年には『ヘンリー・"ボックス"・ブラウンの物語』(The Narrative of Henry Box Brown／1849年)の出版にもたずさわった。

1850年、ボストンでヘンリーの作品の展覧会〈奴隷の鏡〉が開かれた。

この年、新たに逃亡奴隷法が制定され、奴隷制のない州に逃亡した奴隷を元の主人に引き渡すことが法律によって義務づけられた。

そのためブラウンは、今度は英国へ逃げなければならなかった。1850年10月、木箱での逃亡のときに手を貸してくれた聖歌隊仲間のジェームズ・スミスとともにリバプールに到着した。

ヨーロッパでの新しい生活

ヘンリーはスミスといっしょに〈奴隷の鏡〉展を開催し、イングランド北部を巡回した。

その後14年間、さまざまな場所で講演を行ない、箱づめになって脱出するという信じられない逃亡劇を語って聞かせた。

1865年、南北戦争でリンカーンが勝利して米国全土で奴隷制が廃止されると、奴隷物語への関心は薄れていった。

一方で、ヘンリー・"ボックス"・ブラウンの物語は話題になり、人びとの関心を集めた。自由の身となったヘンリーは、自らの逃亡劇を話して聞かせるとともに、マジックや催眠術のショーでファンを楽しませ、当時の奴隷制度廃止論者や批評家たちを困惑させた。

逃亡奴隷を迫害する新しい法律のせいでヘンリーは英国への移住を余儀なくされた

ミュージックホール シュルーズベリー

MUSIC HALL, SHREWSBURY.

5日間だけ！ FOR FIVE DAYS ONLY!

MONDAY, TUESDAY, WEDNESDAY, FRIDAY, AND SATURDAY,
月曜日、火曜日、水曜日 DECEMBER the 12th, 13th, 14th, 16th and 17th, 1859. 金曜日、土曜日

MR. HENRY BOX BROWN

ヘンリー・ボックス・ブラウン氏 THE CELEBRATED AMERICAN FUGITIVE SLAVE, 米国の有名な逃亡奴隷

アフリカと米国の壮大な鏡！ GRAND MOVING 聖地のジオラマが続く！

MIRROR of AFRICA & AMERICA!

FOLLOWED BY THE DIORAMA OF THE

HOLY LAND!

Mrs. H. BOX BROWN will appear with

THE GREAT DIORAMA OF THE INDIAN WAR.

H・ボックス・ブラウン婦人がインディアン戦争の巨大ジオラマに登場する

〈奴隷の鏡〉展のポスター。
ヘンリーはこの展覧会で彼の創造性を世に知らしめるとともに、経済的な自立も試みた

英国で新しい家族をつくったヘンリーは25年後に米国に戻り、黒人の権利のために闘いつづけた

映画

アメリカ映画『ボックス・ブラウン』(Box Brown)は、独創的かつ大胆な方法で自由を手に入れた奴隷、ヘンリー・ブラウンの驚くべき物語を描いた作品。

キャラクター クオリティー　　アメリカ、ファースト！　　アキュラシー エンタープライズ
CHARACTER QUALITY　　AMERICA FIRST!　　ACCURACY ENTERPRISE

Los Angeles Examiner

米国人のための　　AN AMERICAN PAPER FOR THE AMERICAN PEOPLE　　THE GREAT NEWSPAPER OF THE GREAT SOUTHWEST　　偉大な南西部の
米国の新聞　　偉大な新聞

| VOL. XXXI-NO. 82 | For complete Weather Reports See Page 7, Part II | LOS ANGELES, SATURDAY, MARCH 3, 1934 | ✶✶CCC | Two Sec.-Part I-FIVE CENTS |
| 第31巻－第82号 | 天気予報の詳細は第2部7ページ | 1934年3月3日(土)、ロサンゼルス | | 2部構成、第1部－5セント |

悪名高きギャング、ジョン・デリンジャーが
厳重警備の刑務所から保安官の車で逃走する

信じられない脱出劇
木の銃を突きつける！

ジョン・H・デリンジャー

有名な銀行強盗

色男、デリンジャーは圧倒的な人気者だった。
不況に苦しんでいた当時の米国で、彼は政府に批判的な多くの市民にとってのヒーローだった

　1903年、米国のインディアナ州に生まれた、地味で反抗的な青年、デリンジャーはいつも金がなく、ノースカロライナ州ムーアズビルの町をほっつき歩いて育った。

　海軍に入隊したものの、軍隊生活は向いていなかった。無一文のデリンジャーは町の友だちと手を組み、食料品店を襲う。だが、強盗は失敗。警察に捕まり、強盗の罪で8年半を獄中で過ごす。

　刑務所は、彼の学び舎だった。銀行強盗の手口は、すべてそこで学んだ。

　仮釈放されるとすぐにデリンジャーは強盗団を結成し、銀行強盗としての道を歩みはじめる。その1年後には再び逮捕され、有名な逃亡劇をくり広げることになる。

いつ＊ 1934年 3月3日	どこで＊インディアナ州レイク郡のクラウンポイント刑務所（米国）	だれが＊ジョン・ハーバート・デリンジャー	処罰＊銀行強盗で有罪。殺人の罪には問われず	結末＊刑務所からの脱出に成功。その4ヶ月後、シカゴの映画館の出口で警察に銃殺される

抜け目のないデリンジャーは、外部の力を借りずにクラウンポイント刑務所から脱出した。リリアン・ホリー保安官のフォードＶ８をさっそうと運転し、刑務所を背にシカゴへ向かう

伝 説 の 誕 生

〈完璧〉な強盗

若き日のデリンジャーは犯罪をとめどなくくり返し、米国史上最もクリエイティブで華やかな犯罪者となる。

彼は一味とともに米国内の数々の銀行を襲った。慎重に標的を選んでは、効果的な戦略を練っていった。

彼らは警備の緩い、小さな町の小さな銀行を襲った。しかも、安全な隠れ家にすぐ逃げこむことができるよう、大通りに出やすい銀行がターゲットとなった。

襲撃はいつも5分以内で終わった。「一滴の血も流さない」。それが彼らの信条だった。そうして、軽い刑で済まそうとしたのだ。

だが、現場の緊迫感はすさまじかった。マシンガンやピストルで武装した強盗団が「全員ふせろ」と叫びながら銀行に突入する。

一団は、警察が自分たちを撃たないように、人質を連れて強盗現場から逃走した。

おとなしく従う

強盗団におどされた客や従業員は、抵抗することなく従った。数分のうちに一団は金庫を略奪し、タイヤから火花を散らして現場をあとにした。

死傷者ゼロで、戦利品はがっぽがっぽ。彼らはくり返し、この手口を使った。

この一風変わった強盗団は、恐れられ、嫌われるどころか、人びとから多くの賞賛をあびた。リーダーは〈ロビン・フッド〉ともてはやされた

腐敗した体制に立ち向かったデリンジャーは、人びとから尊敬された

◆

デリンジャーは、よくいる強盗とは違った。
人質の扱いがよく、金庫番のご機嫌取りもうまかった

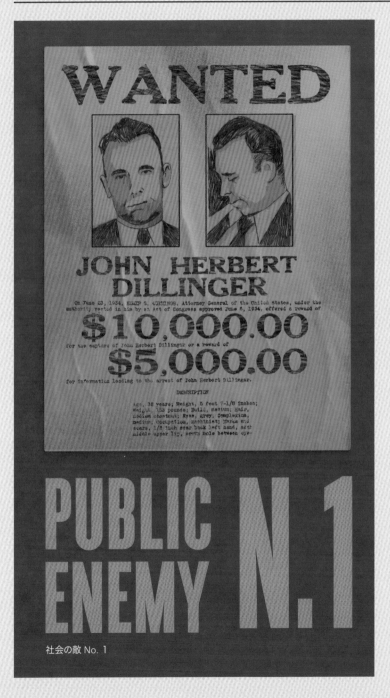

社会の敵 No. 1

出し抜かれて ばかりの警察

　警察は、強盗団の計画を予測することができなかった。いつも出遅れては、デリンジャーに現金の詰まった袋を持っていかれた。そこで警察は、デリンジャーの身柄を引き渡した者に高額の懸賞金を支払うことにした。生きた状態でも死んだ状態でも、かまわなかった。指名手配の貼り紙は、デリンジャーを米国の伝説に仕立てあげた。

　一方、強盗団は豪勢な生活を送っていた。ゴージャスなホテルでシャンパンのコルクを抜いては、強盗の成功を祝った。

1933年から 1934年のあいだ に強盗団は 100万ドル近くを 盗みだした

再び刑務所へ

　しかし、1934年1月15日に彼らの快進撃は終わりを迎える。一団は、シカゴの銀行を襲っていたところを取り押さえられる。銃撃戦になり、警察官を殺害したデリンジャーは捕まって、厳重警備のクラウンポイント刑務所に入れられた。

　保安官リリアン・ホリーの部下たちが、ライフル銃で武装して刑務所の警備にあたるなか、獄中では脱獄計画が着々と進められていた。

堅い警備をもって しても、デリンジャーの あっと驚く逃亡劇を はばむことは できなかった

デリンジャーは木の銃を突きつけて看守をおどし、自分の独房に押し込んだ

逃亡の一部始終
この逃亡でデリンジャー神話がますます広まる

1. ニセの リボルバー拳銃

獄中でデリンジャーは、カミソリの刃を使い、木ぎれをリボルバー拳銃の形に削った。

そして手先の器用さをいかし、靴磨き用の黒い墨で木の拳銃を見事に黒く塗りあげた。

このひと手間が効いたのだろう、クラウンポイント刑務所の看守は、手製の拳銃にまんまとだまされることになる。

デリンジャーは 何もないところから 刑務所の扉を開ける 〈鍵〉を自らの手で つくりあげた

2. だまされやすい看守

1934年3月3日、デリンジャーはニセのリボルバーを看守に向けた。

看守は本物だと信じこみ、抵抗する様子もなくデリンジャーの独房の扉を開けた。

デリンジャー伝説は あまりにも有名で 看守は彼が振り回す リボルバーが ニセ物だとは思いも よらなかった

出くわした看守たちはつぎつぎに武器を手放し、デリンジャーは警察の武器庫で本物の機関銃を手に入れた。

3. 刑務所の見張り

両手に機関銃をたずさえたデリンジャーは、十数人もの警察官を倒していった。警官の何人かは、クラウンポイント刑務所の独房に投げ込まれた。

〈社会の敵No.1〉 と呼ばれた デリンジャーは、 けた外れの 創造力と勇気を 見せつけた

ついにこの恐ろしい強盗犯の前に道が開けた。デリンジャーは2ヶ月足らずで刑務所から脱出した。

4. 保安官の車で

刑務所の警備員たちを手玉に取ったデリンジャーは、リリアン・ホリー保安官のフォードV8を盗むと、そのピカピカの新車でシカゴの街へと逃走した。

車の窃盗は デリンジャーの 大失態だった。のちに彼は大きな代償を払うことになる

米国の新聞は、当局の行動をあざ笑うような見出しをつけた。デリンジャーの人気はますます高まった。

5. 逃亡先のシカゴ

米国内5つの州で指名手配されていた逃亡犯デリンジャーは、数ヶ月前に知りあった恋人のエブリン・フレシェットとともにシカゴへ逃げた。

当時のシカゴは、マフィアの天国だった。そこでデリンジャーは、有力な犯罪者たちとつながり、銀行強盗の道をさらに突き進んでいく。

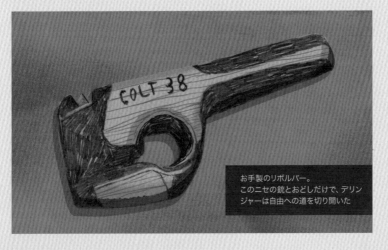

お手製のリボルバー。
このニセの銃とおどしだけで、デリンジャーは自由への道を切り開いた

ＦＢＩに追われながら

デリンジャーはいつだって、幽霊のようにすっと警察の手をすり抜けた。連邦警察は彼を捕まえる手立てを見いだせずにいた

〈社会の敵 No.1〉は不覚にも、逃亡の際に重大なミスを犯していた。盗んだ車で2つの州の境界線を越えたのだ。これは連邦法違反だった。そのときから、FBIはあらゆる手段をこうじて彼の逮捕に乗りだす。

捜査を任されたのは、FBIシカゴ支局のメルヴィン・パービスという粘り強い連邦捜査官だった。パービスは、強盗犯を必ず捕まえてやる、と意気込んだ。

数ヶ月のあいだ、パービスはデリンジャー逮捕のために全精力を注いだ。しかし、どんな作戦を仕かけても、決まって逃げられてしまう。警察との撃ち合いになったときも、銃弾をかわして姿を消した。

パービスがあきらめかけたころ、状況を一変させる一本の電話がかかってきた。アン

デリンジャーは、美容整形手術を受けて指紋と顔を変えたと考えられている

ナ・セージと名乗るルーマニア人女性（本名アナ・カンパナス）からだった。彼女は、デリンジャーを特定したと告げた。

セージはデリンジャーの新しい恋人、ポリー・ハミルトンを通して彼と知りあっていた。セージはデリンジャーの情報と引き換えに、入国管理局によるルーマニアへの強制送還をまぬがれようと思いついたのだった。

こうしてセージは、パービスに、デリンジャーと接触する方法を伝える。

**1934年
7月22日の
夜、伝説の
強盗は
とうとう運に
見放された**

逃走したデリンジャーを捕まえるためにバリケードが設置され、警備員が車の中を調べていった

アンナ・セージはジョン・デリンジャーを特定したのち、FBIに連絡した

アンナ・セージがジョン・デリンジャーの横にぴったりとくっついていたおかげで、連邦捜査官は彼をすぐに見分けることができた。デリンジャーは尾行されていることに気づいてリボルバーを抜こうとしたが、即座に射殺された

待ちぶせ作戦

オレンジ色のスカート

　アンナ・セージは、7月22日にデリンジャーと彼の恋人ポリーといっしょに映画を観にいく約束をした。前日、セージはパービスに、「場所はバイオグラフ映画館かマルボロ映画館。映画館の出口でデリンジャーを見つけやすいように、自分はオレンジ色のスカートをはいていく」と伝えていた。

　結局、行き先はバイオグラフ映画館になった。映画が終わった午後10時半過ぎ、連邦捜査官は緊張しながら路上でデリンジャーを待ちかまえていた。デリンジャーは、ポリーとセージといっしょに映画館を出て歩きはじめた。

　あとをつけられていると気づいたデリンジャーは、ポケットの中のリボルバーを探した。だが、発砲する間もなく、弾丸をあびて歩道に倒れ込んだ。

　人生がデリンジャーに用意していたのは、皮肉な結末だった。クラーク・ゲーブルが演じる、死刑宣告された強盗犯の映画『男の世界』を観た帰りに、伝説の強盗はその生涯を終えた。

**デリンジャーは
バイオグラフ映画館での
罠にかかり、31歳の若さで
命を落とした**

映画

マイケル・マン監督、ジョニー・デップ主演の『パブリック・エネミーズ』（*Public Enemies* ／ 2009年）は、デリンジャーの生涯をもとにつくられた作品。ほかにもマックス・ノセック監督『犯罪王ディリンジャー』（*Dillinger* ／ 1945年）やジョン・ミリアス監督『デリンジャー』（*Dillinger* ／ 1973年）がある。

Daily Mirror

11月25日（金）

FRI NOV 25

民衆とともに前へ

2 D FORWARD WITH THE PEOPLE

No. 16,138 第16138号

脱出の名手

アルフレッド・"フーディーニ"・ハインズ、消える

凶悪な窃盗犯、服役中の
ノッティンガム刑務所から
逃亡

かの有名な魔術師ハリー・
フーディーニのごとく
〈魔法〉のように消え去る

ノッティンガム刑務所の高さ6mの塀
ですら、アルフレッド・ハインズの脱走
を食い止めることはできなかった

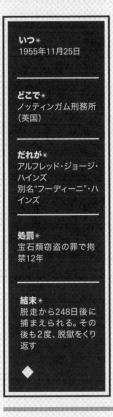

いつ＊
1955年11月25日

どこで＊
ノッティンガム刑務所
（英国）

だれが＊
アルフレッド・ジョージ・ハインズ
別名"フーディーニ"・ハインズ

処罰＊
宝石類窃盗の罪で拘禁12年

結末＊
脱走から248日後に捕まえられる。その後も2度、脱獄をくり返す

◆

ロンドンのメイプル宝石店から奪った戦利品

盗まれた宝石や現金が警察に回収されることはなかった

小さな犯罪

アルフレッド・"フーディーニ"・ハインズは1917年、ロンドンに生まれた。父親の死後、孤児院に入ると、そこで悪事のいろはを学び、才能を開花させていく。

幼いころ、ハインズは何度か盗みをはたらいている。7歳のとき、孤児院から逃げだし、その後に入れられた少年院からも脱走した。

ほかにこれといってすることもなく、第二次世界大戦中は陸軍に入隊。しかし、反抗的なハインズは軍でたいした功績を残すこともできず、犯罪者の道を歩んでいく。

宝石泥棒

1953年、ハインズは宝石店を襲った重大な強盗事件を起こして逮捕、起訴される。かたくなに「やっていない」と主張したが、12年の拘禁刑を言い渡され、ノッティンガム刑務所に送られた。

逃 亡 計 画

ハインズの逃亡歴はまだはじまったばかり。のちに彼は逃亡の達人として名をはせることになる

観察力

獄中での最初の2年間、頭脳明晰なハインズは、ロンドンから200km離れたノッティンガム刑務所からの脱獄を慎重に計画した。

ハインズは、看守の日課をよく観察し、脱出できそうなルートも探した。

看守の勤務体系に着目して

看守の気が緩む夜中に脱獄しようと決意する

みると、夜間の警備が手薄であることに気がついた。ハインズは抜け目のない大胆な発想で、各所の関門を切りぬける作戦を立てていく。

天才的な方法で鍵を開ける

当時、ノッティンガム刑務所の独房にはトイレがなかった。受刑者たちはトイレの代わりに、アルミのバケツを便器として使っていた。このバケツこそが、ハインズに刑務所の扉を開かせることになる。

器用なハインズは看守の鍵の形を記憶し、金属の棒で完璧なコピーをつくりあげた

ハインズは脱獄のために、バケツの金属製の持ち手で独房の鍵とそっくり同じレプリカをつくった。

写真のように忠実な記憶力が、ここで大いに役立った。ハインズは看守が持っている鍵の形を正確に思いだすことができたのだ。

バケツの持ち取のおかげで、
ハインズは自由への道を手に
入れた

逃亡の一部始終

1. 万能の鍵

計画は、暗くなってから実行された。はじめにお手製の鍵で独房の扉を開ける。

刑務所内の警備にあたっていたのは、看守ふたりだけだった。ハインズは彼らに見つかることなく、廊下を進んでいった。

幸運なことに、なぜか手づくりの鍵ひとつで刑務所のほかの扉をすべて開けることができた。

2. 塀を越える

だが、まだもうひとつ、突破しなければならない関門が待ち受けていた。自由をはばむ、高さ6mの塀だ。

ここでも、ハインズの知恵と技が光った。自作のロープを使ったり、大工仕事場の木材をいくつか重ねたりしたのだろう、ハインズはなんとか塀を越えることに成功した。

同じ窃盗罪で有罪判決を受けたパトリック・フレミングもいっしょに脱獄した

3. 車で逃走

つづいて、低い塀と金網を乗り越えて、ようやく塀の外に出ると、仲間が車で待っていた。そこからアイルランドのダブリンまで逃げて、身を隠した。

捜査

脱獄の翌朝、看守はからっぽになったハインズの独房を発見した。ドアには鍵がかかっていて、逃げた痕跡はない。

ノッティンガム刑務所の困惑ぶりは相当なものだった。いったい何が起こったのか、看守にはちんぷんかんぷんだった。受刑者は、脱獄に使った道具を持ち去ったのか？

英国のマスコミはすぐに、有名なマジシャンにちなんでハインズに"フーディーニ"のあだ名をつけた。

人生が一変

アイルランドで"フーディーニ"・ハインズは、建築や装飾関係の仕事をして、新たな人生を歩みはじめた。ところが、目立たないように暮らすどころか、宝石強盗の無実を訴えることに躍起になった。

録音テープや手紙をマスコミや関係機関にしつこく送りつけ、無実を主張し、再審を求めたのだ。

伝説のイリュージョニスト

ハリー・フーディーニ

ハリー・フーディーニ（1874~1926年）、本名エリック・ワイズは、オーストリア・ハンガリー帝国のマジシャンであり、脱出アーティスト。大胆でとっぴょうしもないショーで、世界的に有名になった。

最も高く評価されたのは、脱出マジックだった。ハリー・フーディーニは、どんなに堅くロックされ、閉じこめられても、必ず脱出に成功した。

死後100年近くたったいまでも、フーディーニは伝説として語り継がれている。マジック史に残る〈フーディーニ〉の名が、正真正銘の脱出の名手であるハインズにつけられたのもうなずける。

米国やヨーロッパで名をはせたハリー・フーディーニ

ハインズは身を隠したまま無実を主張し、たちまち有名人になった

ハインズ、またまた大成功

ありえないことが再び！ "フーディーニ"、裁判中に法廷から姿を消す

刑務所から脱走するより裁判所から逃げる方が簡単だと知っていたハインズは、審問を受けるために告訴した

248日間の逃亡の末、ハインズはダブリンのロンドン警視庁に捕まった。声高に身の潔白を主張していたツケが回ってきたのだ。ついに居場所をつきとめられて逮捕され、ロンドンに移送された。

だが、ハインズが再び逃げだすのに、さほど時間はかからなかった。

トイレの許可をとる

ロンドンの高等法院に出廷したときのことだった。とどこおりなく進んでいた裁判の途中で、ハインズがトイレに行きたいと言いだし、裁判官はこれを認めた。ハインズはふたりの警備員にはさまれて、法廷をあとにした。

トイレでは、仲間がひとり隠れて待っていた。ハインズとその仲間は、無防備な警備員を鎖でつないだ。そしてゆうゆうと建物の外に出ると、にぎわうフリート通りにまぎれこみ、ブリストル空港へ向かった。

飛行機で逃げようと目論んだハインズだったが、彼の思惑通りにはいかなかった。

ずる賢いハインズは、不法に逮捕されたと言って警察を訴えた。審問の場は、法廷から逃げだす絶好のチャンスとなった

驚きの脱出劇から約5時間後、ハインズは離陸寸前の飛行機の中で捕まった

ダブリン行きの飛行機の中で客室乗務員に見つかったハインズは、警察の手でロンドンのペントンヴィル刑務所に送られた

1957年6月、ロンドンのペントンヴィル刑務所に向かう車の中で、警官に付き添われるアルフレッド・ハインズ

3度目で……、最後の逃亡

新たな偉業

　機内で客室乗務員に逃亡をはばまれたハインズは、英国内の厳重警備刑務所、チェルムスフォード刑務所に送られることになった。

　しかし、1年も経たないうちに"フーディーニ"は刑務所の洗濯室からこっそり脱走した。ダブリンに逃げ、そこで2年間、偽名で暮らしていたが、盗難車を運転していたのが見つかり、再び刑務所に舞い戻る。

4年のあいだに厳重警備のふたつの刑務所と裁判所から逃亡した

鉄壁の刑務所として知られるチェルムスフォード刑務所。当時、脱獄に成功した者はだれもいなかった

自由になって

　1964年、刑期を終えて出所した有名人"フーディーニ"は、自らの途方もない冒険物語について執筆した。

　有罪判決を受けたあと、ハインズは正真正銘の法律家になった。英国法を批判したり、欠点を指摘したりして、世の中をあっと言わせた。ハインズの声は聞き入れられ、彼はようやく、この世に自分の居場所を見つけた。

号外　　　　　　　　　　　　　　　　　　　　　　　　　　　　　最終版

EXTRA

San Francisco Chronicle
アメリカ西部の声
THE VOICE OF THE WEST

★★★★
FINAL

| 創刊98年目 | 第162号 | | 1962年6月12日（月） | 10セント | ガーフィールド |
| 98th YEAR | No. 162 | CCCCAAA | MONDAY, JUNE 12, 1962 | 10 CENTS | GArfield 1-1111 |

〈世界最強セキュリティの刑務所〉から受刑者3人が逃亡

アルカトラズ大脱走

| 1962年6月11日まで、この恐ろしい刑務所からの脱獄者はゼロ | ゴムボートで島を出た逃亡者たちが、陸地にたどり着いたかどうかは不明 |

3人の逃亡者は、ゴムボートで太平洋の荒波に乗りだした

完璧な逃亡？

　武装強盗のフランク・モリス、銀行強盗のジョンとクラレンスの兄弟は、米国のほかの刑務所で脱獄を試みたのちにアルカトラズ刑務所に収容された。

　この有名な牢獄からの脱出は不可能と言われていたが、3人はわずか数ヶ月で脱出に成功。しかしその後、危険な太平洋で彼らが生きのびたのか、それとも溺死したのか、真実はだれにもわからない。

いつ*	どこで*	だれが*	処罰*	結末*
1962年6月11日~12日の夜	アルカトラズ刑務所、別名〈ザ・ロック〉（米国）	フランク・モリス、ジョン・アングリン、クラレンス・アングリン	3人の脱獄者は武装強盗と複数の銀行強盗の罪で10年以上の刑に服していた	3人の遺体は見つかっていないものの、生存の証拠がないため警察は死亡と推定

難攻不落の要塞

サンフランシスコ湾に浮かぶ岩だらけの小さな島、アルカトラズ島。この島に、
米国最強のセキュリティを備えた刑務所がある。岩の上に建つこの刑務所から、
トンネルを掘って脱出することは不可能だった。

本館（独房）

セキュリティー
ドア

アルカトラズは凶悪犯を更生させる矯正施設として定評があった

1.灯台
2.ベイカービーチ
3.医師の宿舎
4.塀
5.大広場
6.看守の宿舎
7.住宅用アパート
8.船着き場
9.職員の集会場
10.発電所
11.刑務作業場
12.給水塔
13.運動場

調理場
食堂
Dブロック
懲罰房
Cブロック
面会室
Bブロック
床屋
Aブロック
監視員室
入り口

刑務所には4つのブロックがあり、260人ほどの受刑者を収容していた。
ほぼ全員がBブロックとCブロックのごく小さな独房に入れられていた

最も恐れられている刑務所

1934年、この巨大な刑務所を〈刑務所の中の刑務所〉にすることが決定され、アルカトラズは電気フェンス、有刺鉄線、太い鉄格子を備えた近代的な刑務所に生まれ変わった。監視も厳しくなり、1日十数回の点検を行なうなど、厳格な規制が敷かれた。米国全土から凶悪犯がアルカトラズに送り込まれた。

受刑者3人につきひとりの看守をつけるアルカトラズの体制はほかの刑務所でも取り入れられた

29年間 開所から連続稼働

14回 失敗に終わった脱獄

36人 脱獄を試みた受刑者

逃亡計画

逃亡者たちの
大いなる発想と
手先の器用さが
脱獄を可能に

フランク・リー・モリス、クラレンス・アングリン、ジョン・アングリン、3人の脱獄者の警察写真。
アングリン兄弟は隣同士の独房に収容されていた。
モリスと4人目の共犯者アレン・ウエスト（最終的に脱走せず）も同じく隣合わせ

自由への道

受刑者たちは、厳粛な刑務所のせまい独房の中で生活していた。あるとき、モリスとアングリン兄弟が、ひそひそ声で脱獄計画を立てはじめる。最終的には脱走しなかったものの、車泥棒のアレン・ウエストも当初は計画に参加していた。

**受刑者たちが
話をすることが
できたのは
週末の短い
休息時間だけ
だった**

逃げ道

きっかけは、4人のうちのひとりが古いノコギリの刃を見つけたことだった。刃に壊れた掃除機のモーターを取りつけると、自作のドリルができあがった。

彼らはドリル、10セントコイン、くすねたスプーンなど、かき集めた道具を使って、最初の作業に取りかかった。自分の独房の換気口カバーを外して穴を広げ、どこにつながっているのかを調べるのだ。

換気口は独房の奥の壁にあった。アングリン兄弟、そしてモリスとウエストはそれぞれ独房が隣り合わせだったため、ふたり一組になって作業をした。ひとりが穴を広げているあいだ、もうひとりが見張り役になる。

音が聞こえないように、音楽活動の時間に作業を進めた。

**換気口カバーと壁そっくりに
塗った段ボールで
広げた穴を覆いかくした**

San Francisco Chronicle

夜中に抜けだす

　穴が十分に広がると、彼らは夜な夜なこっそり独房を抜けだしては、換気ダクトとその周りを調べて脱出ルートを考えた。

　すべての手はずが整い、脱獄は6月11日の夜と決まった。

脱獄準備で独房を抜けだすときはベッドに人形の頭を置いていった

秘密の作業場

　独房から抜けだしたある夜、彼らは見張りがいない場所を見つけ、そこを作業場兼倉庫にしようと決めた。

数ヶ月かけて脱出に必要なものを準備していった

1. 人形の頭

床屋から取ってきた髪を貼りつけ、張り子の頭をつくった。

2. ライフジャケット、ゴムボート

買ったり、もらったり、盗んだりして集めた50着以上のレインコートでつくった。

3. ボートの空気入れ

たまたま見つけた古い楽器の部品でつくった。

4. 木製のオール2本

ひとつは刑務所で、もうひとつは近くのエンジェル島で見つけた。

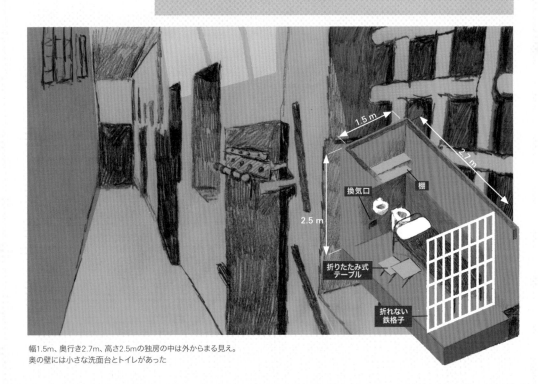

1.5 m
2.7 m
2.5 m
換気口
棚
折りたたみ式テーブル
折れない鉄格子

幅1.5m、奥行き2.7m、高さ2.5mの独房の中は外からまる見え。奥の壁には小さな洗面台とトイレがあった

逃 亡 の 一 部 始 終

脱獄者のひとりが換気ダクトから
顔を出し、ビルの屋上を眺める

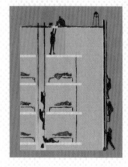

1. 独房からの脱出

　午後9時の最終点検のあと、モリスとアングリン兄弟は、換気ダクトを通って独房を抜けだした。

　アレン・ウエストが遅れをとったのは、そのときだった。脱出できなかったのか、はたまた怖気づいて動けなくなってしまったのかは不明だ。ほかの3人は用意した道具を持って、屋上までダクトを登った。

3人が換気ダクトから外に出るとき、看守たちは大きな音を耳にした。けれどもそれ以上は何も聞こえなかったため、気にはかけなかった

2. 海を目指す

　灯台の光に照らされないように気をつけながら、3人はしのび足で屋上を横切った。建物の外壁にあるパイプをつたって15m下の地上に下り、そこから刑務所を囲む鉄条網まで走った。網を乗り越えて堤防を下り、島の北岸に到着したのは午後11時ごろだったと推定される。

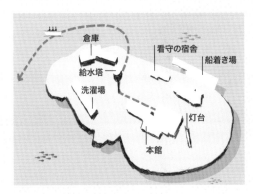

独房のある本館から海までの脱出ルート

3. ゴムボート

　ここで彼らの前に、アルカトラズ島脱出の最大の難関が立ちはだかった。サメのいる荒れた海を渡り、2km以上も先にある対岸までたどり着かなければならない。

　暗闇のなかとなれば、いっそうの困難がともなう。彼らは海を渡るために必要な道具を配備した。

　ボートと急ごしらえのライフジャケットは、使い物になりそうだった。寒さ厳しい夜のなか、モリスとアングリン兄弟は〈世界最強セキュリティの刑務所〉を背に全身全霊でこぎだした。

3人は自作の空気入れでゴムボートをふくらませ、太平洋に乗りだした

刑務所の屋上に出た脱獄者たちは、灯台の光に当たらないように、はいつくばって屋上の端まで行き、外壁を下りていった

警察の捜査

警察は周辺の島々を捜索した。脱獄者の痕跡が発見されたが、彼らが難破したのか、生存しているのかは、いまだ不明

朝一番の点検で看守が目にしたのは、もぬけの空になった3つの独房だった

◆

アルカトラズ島のサイレン

3人はアルカトラズからの脱出に成功した。ベッドには、それまでずっと夜警をだましてきた張り子の頭が置かれていた。

すぐにアルカトラズ島の頂上からけたたましいサイレンが鳴り響き、猛追跡がはじまった。警察官、連邦捜査官、沿岸警備隊、犬、軍のヘリコプターが、アルカトラズ島とサンフランシスコ湾の海岸線をくまなく捜査した。

死んだのか、それとも生きている？

溺死した、サメに食われたなどの説が有力だったが、結局、死体が発見されることはなかった。

アルカトラズの責任者は、3人は死亡したと結論づけ、1979年にFBIは悪名高い脱獄事件に終止符を打った。

サンフランシスコ湾内最大の島、エンジェル島でオールが1本発見された。3人はここに立ち寄るつもりだったのかもしれない

共犯者の助けもなく、独創的で勇敢な脱出劇をくり広げた彼らは、米国一有名な指名手配犯となった

伝説は続く

ジョン・アングリン からの謎の手紙

事件終結から半世紀後、カリフォルニア州のリッチモンド警察署に、ジョン・アングリンが書いたとされる手紙が届いた。その中でジョンはつぎのように語っている。

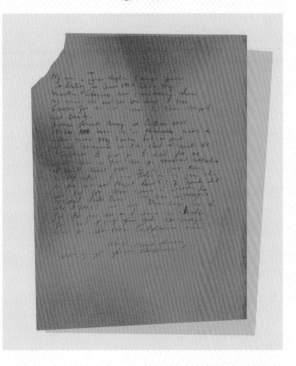

I escape from Alcatraz in June 1962 with my brother Clarence and Frank Morris.
I am 83 years old and in bad shape. I have cancer.
Yes we all made it that night but barely!

1962年6月、私は弟のクラレンスとフランク・モリスとともにアルカトラズからの脱出に成功した。私は現在83歳。癌をわずらっていて、体調が思わしくない。だがあの夜、たしかに我々3人は命からがら脱出したのだ。

FBIは、この手紙が本物だと証明できなかったが、ニセ物であることもまた証明できなかった。アルカトラズ大脱走の謎は、残されたままだ。

「みんな生き残った。 あの夜、我々はなんとか脱出した」

アルカトラズの 最後

アルカトラズ刑務所は、重大な警備過失によるこの脱獄事件の数ヶ月後に、高額な維持費を理由に閉鎖された。

伝説の受刑者たち

その長い歴史のなかで、悪名高き銀行強盗、ギャング、偽造品製造者、血に飢えた殺人鬼など、1500人を超える受刑者がアルカトラズに収容された。だれもが知るギャングのアル・カポネは、アルカトラズで4年間を過ごした。ほかにも、刑務所での時間をカナリアの研究と世話に費やした〈バードマン〉ことロバート・ストラウドなどがいる。

映画

FBIが事件を閉じる半年前、本件を題材にしたクリント・イーストウッド主演の『アルカトラズからの脱出』(*Escape From Alcatraz*／1979年)が米国で上映された。

EL PAÍS

創刊52年目・第19183号
AÑO LII - Nº 19.183

モンテビデオ　1971年7月30日（金）
MONTEVIDEO, VIERNES 30 DE JULIO DE 1971
創刊編集長：エドゥアルド・ロドリゲス・ラレタ
DIRECTOR FUNDADOR: EDUARDO RODRÍGUEZ LARRETA

32ページ版　1部：20.30ドル
EDICIÓN DE 32 PÁGINAS
Precio del ejemplar: $ 20.30

トンネルを通って女子刑務所から逃げる

トンネルをはってモンテビデオのカビルド刑務所から脱出する女性たち。全員がゲリラ組織〈トゥパマロス〉のメンバーで、仲間が刑務所の外からこの脱獄を計画した

38人の英雄の歴史的な逃亡劇

受刑者たちはトンネルを抜けて下水道に入り、そこから近くの民家に逃げた

いつ *	どこで *	だれが * ゲリラ組織	処罰 * トゥパマロスに	結末 * 38人全員が逃
1971年	モンテビデオのカ	〈トゥパマロス民族	所属していたために、	亡に成功。だが、数年
7月30日	ビルド刑務所（ウル	解放運動）に参加す	さまざまな有罪判決を	後にほぼ全員が再逮
の夜	グアイ）	る女性受刑者38人	受ける	捕される

外からの支援

モンテビデオのカビルド女子刑務所から38人の女性受刑者が脱出した。トゥパマロス民族解放運動に参加していた彼女たちは極端な左翼思想を持ち、1960年代から1970年代はじめにかけて都市ゲリラとして活動した。当時、ウルグアイの人びとは飢えに苦しんでいて、政府に立ち向かうために立ちあがったのがトゥパマロスだった。

秘密作戦

トゥパマロスの幹部は、刑務所の外から脱獄を計画。〈スター作戦〉と名づけた。彼らは難解な数字の暗号を使って、刑務所の中の同志たちと連絡を取りあった。

面会に行った家族は、タバコの紙に書いた暗号文を丸めて受刑者に渡した。暗号は〈ピル〉と呼ばれ、口の中に隠して運ばれた。彼女たちはもらった暗号を解読し、作戦の進み具合を把握した。暗号といっしょに鉛筆で描かれた小さな図面も渡された。

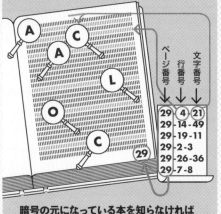

暗号を読み解くと、本の中にある文字が特定された。ページ番号、行番号、文字番号の順になっていて、該当する文字を並べていくと単語があらわれた。図中の暗号は実際に使われたもの。解読するとC-L-O-A-C-A（スペイン語で下水道）という単語になる

ページ番号	行番号	文字番号
29	4	21
29	14	49
29	19	11
29	2	3
29	26	36
29	7	8

暗号の元になっている本を知らなければたとえコンピュータを使っても解読は不可能だった

カビルド刑務所は女子刑務所だった。脱獄当時、収容されていた女性受刑者は43人で、全員がトゥパマロスのメンバーだった

トゥパマロスのシンボルである星にちなんで、脱出計画は〈スター作戦〉と名づけられた

綿密な計画

市内の下水道の一部を使って刑務所から遠ざかり、そこで地上に上がる計画だった

スター作戦の1年前にも、カビルド刑務所で脱獄事件があった。そのときの脱獄者も、トゥパマロスのメンバーだった。

刑務所の中と外のトゥパマロスによるチーム作戦だった

13人の女性たち

1年前、刑務所内でミサが行われている最中に、トゥパマロス民族解放運動に参加する女性受刑者13人が脱走した。

この脱獄によりカビルド刑務所は、それまで警備を担っていたブエン・パストール修道院の修道女を婦人警官に変えた。

前回より監視の目が厳しくなったため、今回は地下からの脱出がいいだろうとトゥパマロスは考えた。

図面を盗む

トゥパマロスは、刑務所周辺に古い下水道が通っていることを知っていた。

古い下水道はパイプが太いため、中を歩いて通ることができる。そこで、モンテビデオ市役所から盗んだ図面を使って、どの下水道を使うかが決められていった。

塀の外のトゥパマロスと受刑者が見事に連携し、5ヶ月かけて逃亡ルートを練りあげた。

外から中へ

計画は、外から中に向かって実行された。刑務所から少し離れた通りに家を借りて井戸を掘り、そこから市の下水道とつながるまで水平にトンネルを掘っていった。

下水道を利用して、地上の数ブロック分に相当する距離を、アセベド・ディアス通りとぶつかるあたりまで進み、最後に刑務所の宿舎へと続くもうひとつのトンネルを掘った。

借家
（スタート地点とゴール地点）

女子刑務所
（カビルド通りとニカラグア通りの交差地点）

アセベド・ディアス通り

オクゥアルト通り

コンスティチューシオン通り

下水道ルート　　　トンネルルート

受刑者は、寝床になっている部屋の床を測って、穴を開ける場所を仲間に正確に知らせた

迎えにきた仲間の助けを借り、女性たちが自由を求めてたどった地下ルート

外部からの指示に従って、38人は作戦決行の日に向けて身なりを整えていった

受刑者たちは、脱出のときに遅れをとったり、手こずったりすることなく素早く移動できるようにと、決まった服装を命じられた。また、街に出るときの服も身につけた

服装：

1. 髪をしっかりまとめるための帽子、または頭に巻くハンカチ。

2. 着替えのスカート。ウエストにとめておいて、街に出るときにズボンから着替える。

3. 動きやすいズボン。ふたつのトンネルをはうことができて下水道内を歩けるもの。

4. ひも靴。はいつくばったり走ったりしても脱げる心配のないもの。

最高機密

〈スター作戦〉が知られないように、計画は上層部の受刑者だけに知らされた。残りの受刑者が計画を知ったのは、作戦決行の数日前だった。

計画が伝えられると、ほとんどの者が作戦への参加を希望した。とはいえ、それはとても難しい決断だった。なぜなら、うまく脱出できたとしても、その後ずっと隠れて暮らさなければならないからだ。

受刑者のうち、刑務所に残ることを選んだのはわずか5人だった

音を隠す

トンネルが宿舎の床下にのびてくるにつれ、受刑者たちはトンネル掘りの音を消す方法を考えなければならなくなった。そこでけんかしたり、歌ったり、大声で笑ったり、パーティーを開いたりしてごまかした。

トンネルを掘る音を消せるのならどんなことでもよかった

逃 亡 の 一 部 始 終

1. 開始の合図

1971年7月30日、すべての準備が整った。外からトンネルを掘っていた仲間が、ついに刑務所の下にたどり着いたのだ。

暗くなるまで待ってから宿舎の床に穴を開けることになっていた。

22時ごろ、看守の最終点検が終わると、仲間が床をトン、トン、トンと3回ノックした。受刑者たちは合図に応じた。

ノックを合図に〈スター作戦〉が開始された

2. 直前の準備

受刑者たちが、枕や服でつくった人形をベッドに潜ませているあいだに、トンネル掘りの仲間がドリルで床を壊した。

38人の女性たちは、事前に話しあっておいたとおりに身なりを整えた

大切なのは、スカートをたくし上げて腰に巻いておくことだった。なぜなら、脱出の際に汚れてしまったズボンからスカートに着替えて街に出れば、怪しまれずにすむからだ。

女性たちはつぎつぎにトンネルの入り口に消えていき、刑務所の宿舎はみるみる空になっていった

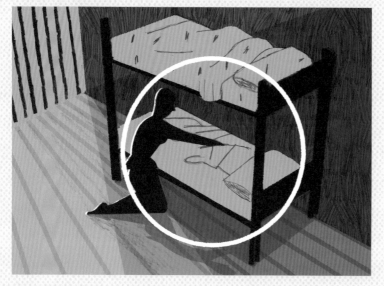

3. トンネルの入り口

ひとりずつ、前もって決めておいた順番どおりにトンネルの入り口から脱出した。体調のすぐれない人から先に、最後は刑期の長い人たちだった。

地下では、彼女たちを自由へと導いてくれる仲間が待っていた。

脱出前の数分間、受刑者たちは枕やパジャマ、洋服をシーツの下に押しこみ、あたかもベッドで寝ているように見せかけた

4. 下水道ルート

女性受刑者とトゥパマロス民族解放運動の仲間は、ネズミと悪臭にまみれて下水道を進んだ。グループに分かれて案内役がひとりつき、懐中電灯で暗闇を照らした。

計画は周到だった。警察をまどわし、家を借りた者の身元を隠すために、下水道内にはニセの証拠が残された。

脱走者たちは海に続く下水道を通って逃げたように見せかけた

周辺の下水道のフタは、何かしらの理由で警察が入っていかないように、トゥパマロスによってワイヤーで閉じられていた。

5. 隠れ家

数時間のうちに女性受刑者と救出隊は全員、刑務所からの脱出を果たし、隠れ家に到着した。

そこでは、たくさんの同志が待っていた。脱出作戦を成功させるために、武器やお金、ニセの書類が持ち寄られた。

喜びはひとしお、でもまだ安全ではない。油断は禁物

トンネルから下水道に出た女性たちは、懐中電灯の光を頼りに進んだ

綿密に準備された完璧な脱走

下水道内の高さ	掘ったトンネル
130 cm	**2** 本

	準備にかかった期間
トンネル内の高さ	**5** ヶ月
120 cm	脱出から隠れ家に到着するまでの時間 **2** 時間

6. 道路を逃走する

隠れ家の車庫には、数日前からトゥパマロスの車が何台かとまっていた。

その朝、38人の女性たちは車に乗ってモンテビデオの各地に散っていき、ほかの同志とともに身を隠した。作戦は成功した。

隠れ家の寝室にたどり着いた脱獄者。歓喜の叫びを上げる彼女たちを、仲間のひとりがたしなめる。声が外にもれたら、見つかってしまう

警察の捜査、そして自由

身を隠す

翌朝、刑務所に警報が鳴り響いた。ウルグアイのすべての新聞が、彼女たちの逃亡を報じた。

すぐに警察が動きだし、下水道をくまなく捜索したが、もうそこにはだれもいなかった。38人の英雄は、しばらく隠れ家に潜んだあと、秘密裏に逃走を続けた。

しかし、それから2年のあいだに脱獄者のほとんどが再逮捕され、カビルド刑務所よりもさらに厳しい環境で長い刑期を過ごすことになった。

警察は数ヶ月かけて脱出の真相を突きとめた

脱獄者の捜索。モンテビデオじゅうの下水道を探したが、彼女たちを捕まえることはできなかった

大赦（たいしゃ）

1985年にウルグアイの独裁政権が終わると、アムネスティ法（刑の免除）によって、投獄されていたトゥパマロス民族解放運動のメンバーが釈放された。

ウルグアイの大統領と副大統領には、トゥパマロスの有力者ペペ・ムヒカとルシア・トポランスキーが就任した。トポランスキーは〈スター作戦〉の主役のひとりだった。

ウルグアイに民主主義が戻り、自由の身となって喜ぶトゥパマロスの受刑者たち

heute 今日の
EUROPA ヨーロッパ
UND DIE WELT そして世界

DIE WELT

UNABHÄNGIGE TAGESZEITUNG FÜR DEUTSCHLAND
ドイツの独立系日刊紙

Vom Mond-Mann
月面着陸の男、
zum erfolgreichen
大成功の
Manager 4ページ
経営者に Seite 4

1979年9月16日(日)
Sonntag, 16. September 1979

第216号 価格38ペニヒ
Nr. 216 Preis 38 Pf

気球で東ドイツを脱出！

ふたつの家族が東ドイツの空を飛んで逃げる

ドイツを東と西に分ける国境を空から越えて、脱出

自作の巨大な熱気球で監視の厳しい危険な国境を越える

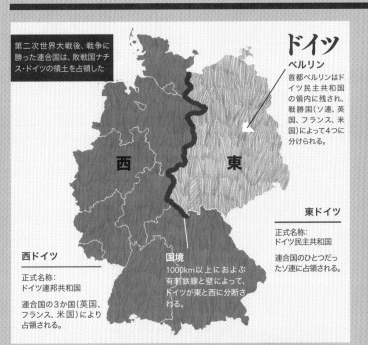

第二次世界大戦後、戦争に勝った連合国は、敗戦国ナチス・ドイツの領土を占領した

ドイツ

ベルリン
首都ベルリンはドイツ民主共和国の領内に残され、戦勝国（ソ連、英国、フランス、米国）によって4つに分けられる。

西

東

東ドイツ
正式名称：
ドイツ民主共和国

連合国のひとつだったソ連に占領される。

西ドイツ
正式名称：
ドイツ連邦共和国

連合国の3か国（英国、フランス、米国）により占領される。

国境
1000km以上におよぶ有刺鉄線と壁によって、ドイツが東と西に分断される。

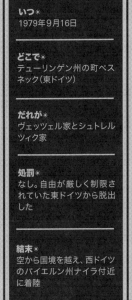

いつ＊
1979年9月16日

どこで＊
テューリンゲン州の町ペスネック（東ドイツ）

だれが＊
ヴェッツェル家とシュトレルツィク家

処罰＊
なし。自由が厳しく制限されていた東ドイツから脱出した

結末＊
空から国境を越え、西ドイツのバイエルン州ナイラ付近に着陸

分割されたドイツ

第二次世界大戦（1939〜1945年）に勝利した連合国は、爆撃で荒れ果てた敗戦国ドイツの領土を分割した。ソビエト連邦（現在のロシア）、英国、フランス、米国によって、ドイツはふたつの区域に分けられた。

国境封鎖

当初、分割は一時的なものとされていた。実際に数年間は、英国、フランス、米国が占領する西ドイツと、ソ連が占領する東ドイツの国境を行き来

することができた。ところが、ソ連と米国の対立が続いたため、東西ドイツの統一は不可能になってしまう。

1961年8月のある夜、ソ連は何の前触れもなく、東西のドイツの国境を封鎖した。ドイツ民主共和国の市民は、ある日とつぜん、西側に行くことができなくなってしまったのだ。

壁や見張り台がつくられ、有刺鉄線が張られた。ドイツ民主共和国の兵士たちは、国境を越える人がでないように監視した。

何千人もの人びとが、国境の向こう側の愛する人に会いに行くために、命がけでドイツ民主共和国から逃げだそうとした

ベルリンは街をつらぬく壁によってふたつに分けられ、たくさんの家族がばらばらになった

逃亡劇の主役

ふたつの家族、8人の逃亡者

ある新聞記事が……

東ドイツには、世界から切り離された若者が何千何万といた。ギュンター・ヴェッツェルもそのひとりだった。ギュンターは、西ドイツとの国境から20kmほど離れた東ドイツの町ペスネックに家族で暮らし、レンガ職人として生計を立てていた。

ギュンターとペーター

1978年、西ドイツに住む義理の姉がギュンターを訪ねてきた。義姉がいろいろ持ってきてくれたもののなかに、古い雑誌があった。そこに、米国の熱気球フェスティバルの記事が掲載されていた。

ギュンターは、この記事のことを陸軍の電気技師・飛行整備士である友人ペーター・シュトレルツィクに伝えた。すると、ある案が持ちあがった……。

ギュンターとペーターは、家族と脱出するために熱気球をつくろうと思いついた

設計のために

熱気球づくりに取りかかる前に、ギュンターとペーターは図書館で情報を集めることにした。力学や工学、物理学の本を何冊も読みあさった。もともと技術や機械の知識があったふたりは、きっとうまくやれるだろうと踏んだ。

ヴェッツェル家には、幼い子どもたちがいた。5歳のペーターと2歳のアンドレアス。シュトレルツィク家にはもう少し大きい子どもたち、15歳のフランクと11歳のアンドレアスがいた。

シュトレルツィク家
1. ドリス
2. アンドレアス
3. ペーター
4. フランク

ヴェッツェル家
1. ペーター
2. アンドレアス
3. ペトラ
4. ギュンター

ペーターとギュンターは、ほかの東ドイツ国民同様に、国外への逃亡の話をよくしていたものの、気球のアイデアが出るまではどうしたものかと考えあぐねていた

見つかる危険

当時の東ドイツは、とても複雑だった。市民の10人にひとりは、当局から賄賂をもらって隣人や友人、さらには親戚の情報までこっそり調べて密告していた。だれを信じていいのか分からない状況だった。

けれども、ペーターの妻ドリスとギュンターの妻ペトラは、この計画に賛成した。ふたつの家族は、自宅の地下室で作業に取りかかった。準備は秘密裏に行なわれた。

熱気球をつくる

作業開始

　気球のデザインが決まると、さっそく必要な材料を探しはじめた。

　秘密警察（シュタージ）に疑われないように、彼らは分担して東ドイツじゅうの店をめぐり布地などの材料を購入した。専門家が使うような良質なものではなかったが、それでも用は足りた。

> 風船部分をつくるには1000㎡以上の布を縫わなければならなかった

風船

　風船の部分は、絹やシーツ、テント、傘の端切れなどを使い、手動ミシンと丈夫な糸で縫いあわせた。

バーナーとゴンドラ

　プロパンガスのタンクをバルブにつなぎ、ガスと炎を調節できるようにしてバーナーをつくった。

　ゴンドラは、鉄板をいくつかの支柱に溶接して完成させた。支柱と支柱のあいだには、ロープを何本も渡して編み込んだ。

試行錯誤

　風船部分の48本の縦の縫い目にそってナイロンのひもを縫いつけて風船の布とゴンドラをつなぐと、気球ができあがった。

　いよいよテスト飛行がはじまった。けれども、思うように飛んでくれない。彼らは納得がいくまで何度も手直しした。

ヴェッツェル一家とシュトレルツ
イク一家を乗せて飛ぶ気球

逃 亡 の 一 部 始 終

1979年9月16日未明、脱出計画が実行された

1. 選んだ場所

悪天候が数日続いたのち、ついに飛行にもってこいの夜が訪れた。真夜中も過ぎたころ、ふたつの家族は気球を車に積みこみ、地元の町ペスネック近辺で最も高い丘に向かった。ここは、あらかじめ決めておいた場所だった。

森の中の空き地に着くと、申し分のない風が吹いていた。

**気球を
車から降ろす前に、
だれにも尾行
されていないことを
確認した**

2. 搭乗

午前1時半ごろ、大急ぎで気球を組み立て、ロープで地面に固定した。扇風機を使って5分で風船をめいっぱいふくらませ、準備完了！

家族が乗りこみ、バーナーに火をつけると、すぐにゴンドラが地面から離れた。ペーターとギュンターはつないでいたロープを切り……。

**興奮と緊張の
なか、気球は地面
から浮きあがり
飛びはじめた**

東部
ドイツ民主共和国
東ドイツ

出発地点
ペスネック

到着地点
バイエルン州ナイラ
西部
ドイツ連邦共和国
西ドイツ

3. 上へ

ゴンドラが揺れて小さな火が燃え移ったけれど、消火器で消し止めてなんとか無事だった。気球をつないでいたロープの1本がフランクの顔に当たるというハプニングもあったが、軽症ですんだ。ところが、なんとも運の悪いことに気球に穴が開いていた！ そのため、バーナーの火をずっと絶やさないようにしなければならなかった。

それでも、気球は地上2000mまで上昇した。気温はおよそマイナス10度。強い風に吹かれ、気球はものすごいスピードで進んでいく。

20分もするとバーナーが切れ、ガスが出なくなってしまった！

最後の準備。逃亡者たちは、森の空き地で気球を地面につないで、ふくらませた

全員無事。ギュンター・ヴェッツェルが少し怪我をしただけで、全員が自分の足でゴンドラを降りることができた。
信じられないけれど、大きな事故も怪我もなかった！

4. 下へ

気球は少しずつ高度を下げはじめたが、風船の中の空気が完全に冷えると、落ちるスピードがみるみる加速し、制御不能になった。

8人の乗組員は、身を寄せあって危険な着陸に備えた。落ちる先がほとんど見えないまま、木に衝突した。

衝撃は強かったけれども大きな怪我はなく、全員無事だった！

5. 地面に降り立つ

どこに着陸したのか分からなかったけれど、彼らは西ドイツに着いたと信じて南へ歩きはじめた。

気球での着陸には成功したとはいえ、国境を越えたかどうかはまだ分からなかった

目にするのは見慣れない看板、出くわすのは東ドイツ製でないトラクター。

ということは、脱出成功だ！みんな、信じられなかった……。

自由だ！

彼らは国境を越え西ドイツにいた！

シュトレルツィク家とヴェッツェル家は、穀物畑に降り立った。そこは西ドイツのバイエルン州にあるナイラという町にほど近い、東西の国境から10kmほどのところだった。

壁と有刺鉄線で区切られた恐ろしい国境の上を飛び越え、逃亡者たちは東ドイツから脱出したのだ。うれしくてうれしくて、しかたがなかった！

東ドイツと西ドイツでは、どう受け止められた？

東ドイツ

西ドイツで英雄となった逃亡者たちは、東ドイツでは裏切り者、国家の敵とされた。

西ドイツ

新聞がこぞってシュトレルツィク家とヴェッツェル家の逃亡劇を記事にした。彼らは取材に応じ、有名人になった。

新たな人生

逃亡者たちは「考え方の違いのために、東ドイツから逃げてきた」と警察に説明した。西ドイツのパスポートを手に入れ、西側での新しい生活がはじまった。

彼らは東西のドイツの歴史に最高にエキサイティングなページを記した

ほどなくしてヴェッツェル家はメディアに出るのをやめたため、シュトレルツィク家が脚光をあびるようになった。

映画

脱出から3年後の1982年、ディズニーはこの物語を『気球の8人』(*Night Crossing*)として映画化した。主演はペーター・シュトレルツィク役のジョン・ハートとギュンター・ヴェッツェル役のボー・ブリッジス。

西ドイツの新しいパスポートをうれしそうに見せるギュンター・ヴェッツェルとペーター・ヴェッツェル

KOREA JOONGANG DAILY

2012年9月17日(月)
Monday, September 17th, 2012

韓国への扉
Your window to Korea

koreajoongangdaily.com

食事トレー用の隙間から 姿を消した囚人

ヨガで脱出

チェ・ガブボクは体をくねらせて、
せまい隙間からすりぬけた

いつ* 2012年9月17日	どこで*大邱市警 察署（韓国）	だれが*ヨガマスターの泥 棒、韓国人チェ・ガプボク	処罰*強盗容疑 で拘禁中	結末*すぐに捕まり 再び拘束される

卓越したヨガマスター

独房の中でヨガを
するチェ・ガプボク

チェ・ガプボクは長い監禁生活のあいだヨガの
修行に専念し、位の高いヨガの指導者となった

囚人
チェ・ガプボク

　2012年9月12日、49歳のチェ・ガプボクは強盗の罪で起訴された。警察は彼を韓国の大邱市警察署に連行、ガプボクは独房で裁判を待っていた。

　ガプボクが捕まるのは、これがはじめてではなかった。彼は盗みのプロで、この23年間いく度となく刑務所を出たり入ったりしていた。

予 想 外 の 計 画

ガプボクは
ヨガのテクニックを
使えば独房から
脱出できることに
気がついた

1週間もたたないうちに

　チェ・ガプボクは、凶悪犯であると同時に策略家だった。このときは、5日間で牢屋から逃げだした。

　彼が考えた脱出方法は、驚くほど単純なものだった。食事トレーを通すせまい隙間から逃げる。シンプルだが、素晴らしいアイデアだった。こんなせまいところを人がすりぬけるなんて、だれが想像するだろう。

少しの下調べとオイル

　この逃亡計画には、ほとんど何の準備もいらなかった。見張りの位置と外への出口を確認し、すべりをよくするためのオイルを手に入れさえすれば、それで十分だった。

逃 亡 の 一 部 始 終

1. オイルとまくら

まだ日も昇らない早朝5時ごろ、朝のヨガを終えたチェ・ガプボクは、独房の鉄格子下の隙間を通りぬけやすくするために全身にオイルを塗った。計画実行の覚悟は決まっていた。

いなくなったことに見張りが気づかないよう、毛布の下にまくらを置いて、あたかもそこに寝ているように見せかけた。

2. 隙間

ガプボクは床に仰向けに寝転がり、上を向いたまま頭を隙間に入れてみようとした。だが、通らない。

そこで、うつぶせになり顔を横向きにすると、なんとか隙間を通過した。

片腕に続いて反対の腕も通す。腰でひっかかったけれど、ズボンを脱いで無事通過！

**幅45cm、
高さ15cmの
隙間を通りぬけた**

3. 看守

**チェ・ガプボクは
タコのように
しなやかに動き
ながら、1分も
かからずに離れ
業をやってのけた**

ガプボクはズボンをはき直し、3人の見張りの仕事机の前をこっそり通り過ぎた。

そして、ついに窓から通りに飛び下りた。

4. 山へ逃げる

大邱市警察署を脱出したガプボクは、近くの民家に逃げ込んで車とクレジットカードを盗んだ。

**道路を何kmか
走ると、警察の
検問所が見えた**

検問所の200m手前で、ガプボクは車を捨てるしかなかった。その後は徒歩で移動し、山に身を隠した。

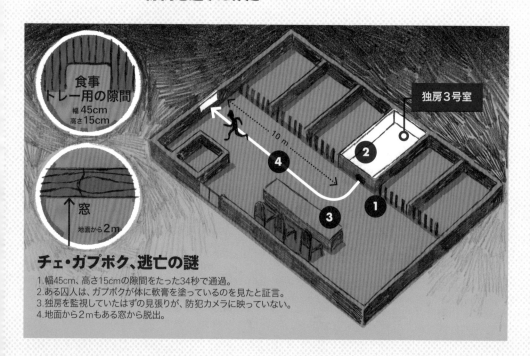

食事
トレー用の隙間
幅45cm
高さ15cm

窓
地面から2m

独房3号室

10 m

チェ・ガプボク、逃亡の謎

1. 幅45cm、高さ15cmの隙間をたった34秒で通過。
2. ある囚人は、ガプボクが体に軟膏を塗っているのを見たと証言。
3. 独房を監視していたはずの見張りが、防犯カメラに映っていない。
4. 地面から2mもある窓から脱出。

ガプボクは町を抜け、南山（ナムサン）に逃げ込んだ

警 察 の 捜 査

ガプボクが
いなくなったことに
見張りが気づいたのは、
朝の６時過ぎ。
脱出からすでに70分が
経過していた

警備の落ち度

見張りは、夜中に何度か寝てしまったと告白した。また、ネットサーフィンに夢中になっていたことも認めた。

ぐうたらな見張りが
脱出成功のカギと
なった

韓国警察は数日にわたって道路を封鎖し、ヘリコプターや警察犬を使って大規模な捜索を行なった。

ガプボクは、南山（ナムサン）と華岳山（ファアクサン）に身を潜め、夜な夜な動き回りながら、発見されないようにねばった。

ガプボクは一週間ほど
警察をてこずらせた

逃亡先から30km南にある密陽市（ミリャン）で「ガプボクを見た」と言う人が続出したため、400人ほどの警察官が動員された。

包囲網の強化

6日間にわたる懸命な捜索のすえに、ガプボクは密陽市のビルの屋上で発見された。彼は無実だと言い張ったが、無情にも脱出した警察署に戻された。

入れられた牢屋は、食事を通す隙間が高さ10cm、幅12cmしかなかった。

果たしてヨガマスター、
チェ・ガプボクは
再び脱出できるのか？

LaJornada

2015年7月11日(土)
SÁBADO 11 DE JULIO DEL 2015
メキシコシティ・創刊31年目　第11027号
MÉXICO, DISTRITO FEDERAL · AÑO 31 · NÚMERO 11.027 · www.jornada.unam.mx
10ペソ
10 PESOS

脱　走

伝説の麻薬密売人、メキシコの最強セキュリティ刑務所から脱走する

"エル・チャポ"

換気口、照明、手すり付きの1500mのトンネルを仲間がつくる

エル・チャポが入っていた刑務所、エル・アルティプラーノは、当局が脱走不可能と断言していた

いつ* 2015年 7月11日	どこで* エル・アルティプラー ノ刑務所(メキシコ)	だれが* ホアキン・グスマン・ロエラ 通称〈エル・チャポ〉	処罰* 麻薬密売により 20年の禁錮刑	結末* 米国で捕まり、終身刑の判決を 受ける

ホアキン・“エル・チャポ”・グスマン
世界の最重要指名手配犯

**ワシントンはエル・チャポに500万ドル
(約7億4360万円)の懸賞金をかけた
オサマ・ビン・ラディンの死後、エル・チャポは
世界の最重要指名手配犯となる**

スペイン語で「チビ」という意味の〈エル・チャポ〉をあだ名にもつホアキン・グスマン・ロエラは、メキシコ北部の小さな田舎町で生まれた。

若くして、地域のさまざまな麻薬密売組織に出入りするようになり、一流の密売人から学べることをすべて学んだ。35歳のとき、麻薬組織のリーダーが投獄されると、彼は麻薬密輸組織〈シナロア・カルテル〉を設立してトップの座に就く。

その後、メキシコと米国を結ぶトンネル網を築きあげ、膨大な量の麻薬を米国に密輸した。

こうしてわずか4年のうちに、シナロア・カルテルは世界一凶悪な犯罪組織としてその地位を確立する。

RECOMPENSA DE HASTA:
$5,000,000 DE DÓLARES
POR INFORMACIÓN QUE CONTRIBUYA A SU ARRESTO

Joaquín Guzmán Loera "El Chapo"

すべてが順風満帆だった。ところが1993年、エル・チャポはグアテマラと国境を接するメキシコ南部のチアパス州付近で警察に逮捕される。

米国の警察は500万ドルの懸賞金を提示した。

懸賞金
逮捕につながる情報に対して
最高500万ドル
ホアキン・グスマン・ロエラ
〈エル・チャポ〉

エル・アルティプラーノ刑務所

世界一の麻薬王は、連邦社会再適応センター1号館に2年間収監された。そして、20年の刑を負ったまま、最強警備のエル・アルティプラーノ刑務所に移送される。

エル・チャポはゴージャスな独房からシナロア・カルテルを指揮しつづけ、賄賂と脅迫によってあらゆる特権を享受した。

エル・アルティプラーノ刑務所では〈ボス〉の名で通っていた

エル・アルティプラーノからの脱出

ところが、ボスはエル・アルティアーノ刑務所に9年間しか留まらなかった。2001年1月18日、洗濯カートの中に隠れて脱出したのだ。

買収された15人の職員が、出口までの6つの監視地点に立ち、ボスを見て見ぬふりをした。

脱獄によりエル・チャポ伝説にいっそうの箔がつく

エル・チャポは13年間、逃亡生活を送った。なじみの場所をつなぐ高度なトンネルシステムを使って移動していたため、警察はなかなか彼の居場所を特定できなかった。メキシコと米国の諜報機関は手を組み、数ヶ月にわたり捜索に当たった。この作戦は〈モグラ〉と呼ばれる情報提供者を頼りに極秘裏に行われた。

こうしてついに2014年2月22日、エル・チャポはメキシコの観光都市マサトランで捕まった。

一発の銃声も怪我人も出すことなく、捜索作戦は成功に終わった

エル・チャポはたくさんの警備員に付き添われ、厳重警備刑務所、エル・アルティプラーノに移送された。エル・アルティプラーノはメキシコシティの約90km西に位置し、南米で最も盤石な刑務所と言われていた。この塀を越えて脱走した受刑者は、いまだかつてひとりもいなかった。

密輸組織の仲間が移送中にエル・チャポを救出しないよう、いつどこに移動させるかは極秘だった

逃亡計画

外部との
コミュニケーション

エル・アルティプラーノでも、エル・チャポは特別処遇を受けていた。獄中から犯罪の指揮をとりつづけ、もちろん脱獄も計画した。

家

脱獄計画は、シナロア・カルテルのお家芸であるトンネル建設を中心に進められた。
エル・チャポの息子たちが刑務所の近くに家を買い、すぐに作業が開始された。

GPS時計

GPS機能のついた腕時計のおかげで、トンネル技術者はエル・チャポの独房の正確な位置をとらえることができた。

賄賂

トンネル掘りによって生じる騒音や迷惑行為は、賄賂を渡してもみ消した。

トンネル

照明、換気口、手すりを備えた1500mの高性能トンネルの中で、およそ1年にわたって掘削作業が行われた。

脱出がしだいに現実味を帯びていく

逃亡の一部始終

2015年7月11日(土)、脱出計画が実行された。エル・チャポも仲間も、週末は刑務所の監視が緩くなることを知っていた。

1. シャワー

エル・チャポは独房20号室で、いつもの土曜日の夜と同じようにテレビを見ていた。20時52分、大きなハンマー音がしたあと、シャワーの格子から準備完了を告げる声がした。
エル・チャポは冷静なようすで靴を履き、シャワーの床にあるあげ戸を持ちあげて、仲間が開けた穴に滑り込んだ。
シャワーは仕切りで囲われていて、監視カメラの死角になっていた。

エル・チャポは身をかがめ、監視カメラの死角にある穴から姿を消した

2. トンネルまでの道

10mのダクトを下るとトンネルに出られるようになっていた。エル・チャポは、仲間がダクト内に用意してくれたはしごを下りるだけでよかった。

3. トンネル

トンネルはエル・アルティプラーノを貫くように1500m続いていた。換気口や照明も完備され、土砂搬出用の改造バイクがレールの上にのっていた。

仲間はエル・チャポをバイクに乗せて出口まで連れていった

エル・チャポは、2014年2月から収監されていた、厳重警備の刑務所から脱走した

20:52
エル・チャポがシャワーに入る。しばらくのあいだ監視カメラに姿が映らなかったため、看守が彼の独房を見に行くと、すでにもぬけの殻だった

脱出ルート

トンネル内で発見されたもの
1.換気ダクト
2.酸素ボンベ
3.照明装置
4.工具、燃料、建設資材

エル・アルティプラーノ
最厳重警備の連邦刑務所

特別処遇区域、2番通路、20号室

1 エル・チャポの独房のシャワーの床下には直径50cm、深さ1.5mの穴があいていた

50cm

2 穴は、はしごのついた長さ10mのダクトとつながっていた

10 m

5 トンネルの出口は刑務所の隣の地区にあった

3 ダクトを下りると、1500m以上あるトンネルに出た

4 トンネル内には、レールの上を走るバイクが準備されていた

1500 m

4. サンタ・フアニータ地区

トンネルの出口は、脱出作戦のために購入した工事中の家につながっていた。

5. トラックと小型飛行機

家からは、4WDのバイクで秘密の倉庫に向かった。そこでは、エル・チャポをサン・フアンまで運ぶトラックが待っていた。

サン・フアンではエル・チャポの故郷シナロア州へ飛ぶためにパイロットの〈カチンバ〉が待機していた

購入した家は、刑務所の北西にある小さなサンタ・フアニータ地区にあった

エル・チャポを隠れ家に運ぶために、秘密の滑走路が使われた

警 察 の 捜 査

エル・アルティプラーノの警報

脱出から25分後、独房のカメラを監視していた看守が、20号室にだれもいないことに気づいた。

独房を見にいった看守ふたりは、シャワーの床に直径50cmの穴が開いているのを発見した。それなのに、さらに20分が経過しても独房にかけつける者はだれもいなかった。

刑務所の警報が鳴るまでになぜこれほど時間がかかったのかは、この脱走事件をめぐる大きな謎のひとつだ。

エル・チャポの脱獄により、南米で最も厳重な刑務所の腐敗が明らかになった

捜索

刑務所は逃亡を通報し、治安部隊は厳戒態勢を敷いた。

エル・チャポは再び脱獄し、メキシコの治安部隊を笑いものにした

周囲の国際空港は閉鎖され、近隣の州の道路には検問所が設置された

警察はトンネルを家までたどった。トンネルの中で見つかったのは、酸素ボンベ、燃料タンク、パイプなど工事に使われた道具だけで、エル・チャポの痕跡はひとつとしてなかった。

共犯者

不屈のエル・アルティプラーノも、エル・チャポの執念の企てには、かなわなかった。

刑務所の職員は全員、そくざに監禁されて警察の取り調べを受けた。

エル・アルティプラーノの職員18人が、麻薬王と共謀した疑いをかけられた

映画

『エル・チャポ: 世紀の大脱走』（Chapo: el escape del siglo／2016年）は、麻薬密売人の目まぐるしい逃亡劇を描いたメキシコ映画。

米国

半年後、エル・チャポはシナロア州のロス・モチス市で再び捕まった。しかし、今度は米国に移送され、世紀の大裁判にかけられた。

陪審員は、麻薬密売の罪で終身刑を宣告。エル・チャポは米国の地獄のような刑務所に入れられた。いまも、彼はそこに閉じこめられている

海軍はほかの連邦軍を率いて、シナロア・カルテル（メキシコの麻薬密輸組織）のリーダーを逮捕した

指名手配：

ヘンリー・ブラウン

箱づめになって郵便で自分自身を発送し、27時間もの長旅にたえる。

生涯にわたる自由を手に入れた。

ジャコモ・カサノヴァ

ベネチアの刑務所ロス・プロモスの醜悪な地下牢から逃げだす。**魔術を使ったとして告発されていた。**

ジョン・H・デリンジャー

凶悪強盗犯、木の銃ひとつで刑務所から脱出。

体制と闘い、多くの米国人のヒーローとなった。

どんなに厳重な警備の刑務所からも脱走を果たす。

抜群の知能の持ち主でのちに法学士になった。

アルフレッド・"フーディーニ"・ハインズ

フランク・モリス とアングリン兄弟

ある夜、アルカトラズ刑務所の独房からこつぜんと姿を消す。

アルカトラズ島から対岸まで危険な海をいかだひとつで渡り切れたか、はたまた太平洋で命を落としたか、真相はわからずじまい。

38人の 英雄たち

ゲリラ組織〈トゥパマロス〉の同志の助けを借り、モンテビデオ市の地下を通って脱出する。

全員が見事、脱獄に成功。

チェ・ガプボク

韓国の泥棒、ありえない逃走劇で大邱市警察署に恥をかかせる。

不可能なことをやってのけた。

ふたつの 家族

8人の逃亡者、ドイツを東西に分ける国境を越えて西ドイツに移り住む。

その偉業により有名人になった。

ホアキン・ "エル・ チャポ" グスマン

独房の監視カメラをものともせずに、プエンテ・グランデ刑務所から姿をくらませる。

長さ1500mのトンネルのおかげで、仲間に救出された。

文：ソレダー・ロメロ・マリーニョ
Soledad Romero Mariño

スペイン、バルセロナに生まれる。
地元のリョッジャ美術学校でグラフィックデザインを
学んだのち、広告デザイナー・クリエイターとして10年以上働く。
その後、本への情熱のままに、広告業界を離れて
自らの出版社を立ち上げ、雑誌や書籍を刊行する。
現在は子ども向けの絵本の執筆、編集、デザインなどを行っている。

絵：フリオ・アントニオ・ブラスコ
Julio Antonio Blasco

セニョール・ロペスの名でも知られる。
スペイン、バレンシア工科大学の美術学部卒業。
15年前よりイラストレーター、グラフィックデザイナーとして活動。
イラストレーション、ペインティング、コラージュ、デザイン、
スクラップから創る彫刻など、作品は多ジャンルにわたる。
子どもや大人向けにイラストを描きながら、財団、美術館、ワイナリーなどの
グラフィックデザイン、展示会デザイン、オーディオビジュアル、広告などを担当する。

訳：轟 志津香（とどろき・しずか）

スペイン語翻訳者。
訳書に『カイマンのクロ』(福音館書店)、
『からだのひみつ、げんきのしくみ！』シリーズ(あすなろ書房)、
『世界を変えた15のたべもの』(大月書店)、
『灰色の服のおじさん』(小学館)、『3つの鍵の扉』(晶文社)など。
児童書を中心にさまざまなジャンルの翻訳を手がける。